그림으로 보는 조선왕조실록

그림으로 보는 조선왕조실록 ③

초판 1쇄 발행 2023년 5월 20일

글 정혜원 | 그림 홍연시

발행인 오형석
편집장 이미현 | **편집** 정은혜 | **디자인** 이희승
발행처 (주)계림북스
신고번호 제2012-000204호 | **등록일자** 2000년 5월 22일
주소 서울시 마포구 창전로 74 여촌빌딩 3층
대표전화 (02)7079-900 | **팩스** (02)7079-956
도서문의 (02)7079-913
홈페이지 www.kyelimbook.com

ⓒ계림북스, 2023
이 책에 실린 글과 그림, 사진의 무단 전재나 복제를 금합니다.

ISBN 978-89-533-3529-5 74900 | 978-89-533-3503-5(세트)

그림으로 보는 조선왕조실록

3 개혁과 혼란의 시대

글 정혜원 | 그림 홍연시

계림북스
kyelimbooks

들어가는 말

 온 세계에 우리 민족의 힘을 보여 주는 **역사 기록**

　〈조선왕조실록〉은 조선을 세운 태조부터 제25대 왕 철종까지 472년을 기록한 역사책이에요. 긴 시간에 걸맞게 분량도 어마어마해서 1893권 888책이나 되지요.◆ 〈조선왕조실록〉에는 왕을 중심으로 나라에서 벌어진 중요한 사건이 실려 있어요. 사실만 기록한 것이 아니라 역사 편찬을 담당한 신하의 의견과 비판도 기록되었어요. 왕과 권력자의 눈치를 보지 않고 사실대로 자유롭게 썼다는 의미예요. 또한 날씨, 산업, 풍속 등 백성들의 이야기도 살펴볼 수 있어요. 이런 가치를 인정받아 우리나라의 국보가 되었고, 온 인류가 잘 보존해야 할 소중한 세계 기록 유산으로 지정되기도 했답니다.

◆ 실록의 내용을 1893편으로 나누고, 그것을 888권의 책으로 묶은 걸 뜻해요.

　역사는 거울과 같아요. 역사를 기록하는 까닭은 과거의 사건을 통해 현재와 미래를 더 지혜롭게 살아갈 수 있기 때문이에요. 역사를 기록한 민족은 사라지지 않아요. 우리나라는 삼국 시대부터 조선 시대까지 수천 년 동안 역사를 기록하는 전통을 이어 왔어요. 오늘날 세계가 부러워하는 나라로 우뚝 설 수 있는 힘도 역사에서 비롯되었다고 할 수 있지요.
　〈그림으로 보는 조선왕조실록〉은 많은 분량의 〈조선왕조실록〉 가운데 유익하고 중요한 사실을 가려서 풍부한 그림과 함께 쉽고 재미있게 풀어 쓴 책이에요. 지금부터 역사의 바다로 긴 여행을 떠나 볼까요?

정혜원

차례

폭군 연산의 등장

- **사림파의 수난** 12
  - 나라를 잘 다스리려 했어요
  - 사림파와 훈구파가 대립했어요
  - 유자광과 이극돈이 상소를 올렸어요
  - 무오사화가 일어났어요

- **폐비 윤씨의 비극** 20
  - 궁궐이 놀이판으로 변했어요
  - 임사홍이 폐비 윤씨 이야기를 꺼냈어요
  - 갑자사화가 일어났어요
  - 성균관에서 선비들을 내쫓았어요

실록 배움터 28
연산군은 왜 한글을 못 쓰게 했을까?

- **쫓겨난 연산군** 30
  - 신하들이 역모를 꾸몄어요
  - 연산군이 강화도로 귀양 갔어요

실록 배움터 34
조와 종과 군은 어떻게 다를까?

실록 놀이터 알맞은 말 써넣기 36

조광조의 개혁

- **힘없는 중종** 40
  - 중종이 왕위에 올랐어요
  - 반정 공신들이 권력을 휘둘렀어요

실록 배움터 44
인왕산 치마바위 이야기

- **실패한 개혁** 46
  - 조광조를 불러들였어요
  - 향약과 현량과를 실시했어요
  - 공신의 자격을 빼앗았어요
  - 조씨가 왕이 된다는 소문이 퍼졌어요
  - 기묘사화가 일어났어요

- **효자 임금** 56
  - 인종은 학문을 좋아했어요
  - 문정 왕후의 괴롭힘을 받았어요

- **문정 왕후의 세상** 60
  - 문정 왕후가 수렴청정을 했어요
  - 윤원형이 권력을 잡았어요
  - 을사사화가 일어났어요
  - 윤원형을 견제하려다 실패했어요

- 혼란에 빠진 조선 ·················· 68
  - 을묘왜변이 일어났어요
  - 임꺽정의 무리가 나타났어요
  - 나라가 망하지 않은 것이 다행이었어요

실록 놀이터 알맞은 것끼리 연결하기 ·········· 74

당파 싸움과 임진왜란

- 사림파들의 싸움 ·················· 78
  - 덕흥군의 아들이 왕이 되었어요
  - 사림파가 동인과 서인으로 나뉘었어요
  - 정여립이 대동계를 만들었어요
  - 세자 책봉 문제가 일어났어요
  - 동인이 남인과 북인으로 갈라졌어요

- 서로 다른 주장 ·················· 88
  - 북쪽의 야인과 남쪽의 일본이 일어났어요
  - 황윤길과 김성일을 일본으로 보냈어요
  - 전쟁의 위험을 무시했어요

- 임진년, 전쟁의 시작 ·················· 94
  - 일본군이 부산으로 쳐들어왔어요
  - 선조가 평양으로 피란을 떠났어요
  - 이순신과 조선 수군의 활약이 시작되었어요
  - 전국에서 의병이 일어났어요
  - 진주성에서 일본군을 물리쳤어요
  - 행주산성에서 승리했어요

- 화해 회담과 다시 시작된 전쟁 ·········· 106
  - 왜군이 다시 공격해 왔어요
  - 이순신이 남쪽 바다를 장악했어요
  - 12척의 배로 일본군의 133척과 싸워 이겼어요
  - 임진왜란이 끝났어요

실록 놀이터 다른 그림 찾기 ·············· 114

광해군의 중립 외교

- **세자가 된 광해군** ················ 118
  - 어렵게 세자가 되었어요
  - 인목 왕후가 영창 대군을 낳았어요
- **광해군을 왕으로 세우다** ·········· 122
  - 대북이 권력을 잡았어요
  - 선혜청을 만들어 대동법을 실시했어요
- **동생을 죽이고 어머니를 폐하다** ···· 126
  - 계축옥사가 일어났어요
  - 영창 대군이 강화도로 쫓겨나 죽었어요
  - 인목 대비를 경운궁에 가두었어요

- **여진족의 성장** ················ 132
  - 여진족이 후금을 세웠어요
  - 명나라의 요청에 강홍립을 보냈어요
  - 싸우지 않고 후금에 투항했어요
- **잘못된 반정** ·················· 138
  - 백성들의 불만이 쌓였어요
  - 능양군이 반정을 일으켰어요

실록 배움터 ···················· 142
광해군과 연산군은 어떻게 다를까?

병자호란과 북벌 정책

- **한양을 빼앗긴 인조** ········· 146
  - 능양군이 왕이 되었어요
  - 이괄이 불만을 품었어요
  - 반란군에게 한양을 빼앗겼어요
- **30년 만에 또 터진 전쟁** ········· 152
  - 정묘호란이 일어났어요
  - 인조가 강화도로 달아났어요
  - 후금과 조선은 형제의 나라가 되었어요
- **삼전도의 눈물** ········· 158
  - 후금이 무리한 요구를 했어요
  - 병자호란이 일어났어요
  - 인조가 남한산성으로 들어가 숨었어요
  - 신하들이 척화파와 주화파로 나뉘어 싸웠어요
  - 인조가 삼전도에서 무릎을 꿇었어요
  - 조선 사람들이 청나라로 잡혀갔어요

- **안타까운 소현 세자** ········· 170
  - 소현 세자가 돌아왔어요
  - 세자빈과 손자들마저 죽였어요
- **북벌의 뜻을 이루지 못한 효종** ········· 174
  - 김자점이 청나라에 효종을 고발했어요
  - 효종은 북벌을 부르짖었어요
  - 나선을 두 번 무찔렀어요

실록 배움터 ········· 180
소현 세자는 청나라에서 무엇을 가져왔을까?

실록 놀이터 순서대로 번호 쓰기 ········· 182

실록 놀이터 정답 ········· 184

〈부록〉 조선왕조실록 연표

조선이 세워진 뒤 태종은 나라의 안정을 위해 왕권을 강화했어요. 그런 태종의 노력 덕분에 세종은 위대한 업적을 남겼지요. 태종과 세종의 뒤를 이은 여러 임금도 학문을 발달시키고 나라의 기틀을 완성하여 백성들이 살기 좋은 평화로운 시대가 찾아왔어요. 특히 성종은 세종과 함께 조선 전기 훌륭한 임금으로 손꼽혀요. 그러나 성종의 아들인 연산군에 이르러 조선은 혼란에 빠지게 돼요. 그 이야기 속으로 들어가 보아요.

폭군 연산의 등장

사림파의 수난

나라를 잘 다스리려 했어요

조선의 제10대 임금 연산군은 성종의 뒤를 이어 열아홉 살에 왕위에 올랐어요. 신하들은 연산군이 아버지를 닮아 나라를 잘 다스릴 것이라고 생각했지요. 처음에는 연산군도 나랏일과 학문 연구를 열심히 했어요. 북쪽을 침범하는 여진족을 달래 조선의 백성들을 괴롭히지 못하게 했어요. 과거 시험을 여러 번 치러 젊은 인재를 많이 뽑았고, 팔도에 암행어사를 내려보내 관리들의 잘못을 바로잡았지요.

폭군 연산의 등장

신하들은 더 부지런히 학문을 갈고닦아야 한다고 연산군에게 강요했어요. 공부를 열심히 해야 나라를 잘 다스리고 훌륭한 임금이 될 수 있다는 뜻이지요. 그러나 연산군은 성종과 달리 공부를 좋아하지 않았어요. 책 읽고 토론하는 것보다 술 마시고 시를 지으며 놀기를 좋아했지요. 신하들은 놀 궁리만 하지 말고 학문에 힘쓰라며 연산군을 계속 닦달하고 몰아세웠어요. 그런 신하들이 연산군의 눈에 좋게 보일 리 없었지요.

사림파와 훈구파가 대립했어요

조정의 신하들은 훈구파와 사림파로 나뉘었어요. 훈구파는 나라에 큰 공을 세워 대대로 높은 벼슬을 하던 관리예요. 특히 단종을 내쫓고 세조가 왕위에 오르도록 도운 공신의 자손들이 높은 벼슬과 많은 땅을 차지하고 있었지요. 사림파는 시골에서 성리학을 공부한 김종직의 제자들이었어요. 학문을 사랑한 성종은 시골에 틀어박혀 있던 사림을 한양으로 불러올려 벼슬을 내렸어요. 사림파는 권력을 잡고 나랏일을 제멋대로 하는 훈구파가 마땅치 않았어요. 훈구파도 사사건건 트집을 잡고 방해하는 사림파가 눈엣가시였지요.

사림파들아~ 돌아와! 관직 줄게.

솔깃하네.

폭군 연산의 등장

연산군에게 학문을 강요한 신하들은 성종이 아끼던 사림파였어요. 사림파는 나라를 잘 다스리려면 임금이 먼저 백성들에게 모범을 보여야 한다고 주장했어요. 훌륭한 임금이 되는 방법은 아침부터 밤까지 책 읽고 토론하는 것이었지요. 문제는 연산군이 아버지와 달리 학문을 좋아하지 않는다는 것이었어요. 연산군과 사림파의 사이가 조금씩 나빠지자 훈구파들은 속으로 기뻐했어요. 아무도 모르게 조정에서 사림파들을 몰아낼 계획을 세웠답니다.

유자광과 이극돈이 상소를 올렸어요

훈구파 이극돈이 〈성종실록〉을 만드는 실록청 책임자 역할을 맡았어요. 1498년, 사관 김일손이 쓴 사초를 죽 읽어 내려가던 이극돈의 눈이 갑자기 커졌어요. 김일손은 사림파의 우두머리 김종직의 제자였어요. 김일손은 사초에 세조의 왕비인 정희 왕후가 죽었을 때 이극돈이 잔치판을 벌였다는 사실을 그대로 적었어요. 또한 김일손의 스승인 김종직이 쓴 조의제문도 고스란히 기록해 놓았어요.

헉! CCTV가 따로 없네.

폭군 연산의 등장

'조의제문'은 의제의 죽음을 슬퍼하여 지은 글이에요. 의제는 중국 초나라의 나이 어린 왕으로, 항우에게 권력을 빼앗기고 목숨을 잃었어요. 김종직은 비참하게 죽은 의제를 불쌍히 여겨 제문을 지었던 것이지요. 이극돈은 조의제문을 같은 훈구파인 유자광에게 보여 주었어요. 유자광은 높은 벼슬을 얻기 위해 물불을 가리지 않는 사람이었어요. 자기보다 잘나가는 남이 장군을 모함하여 죽게 만들기도 했지요. 조의제문을 본 유자광은 다른 훈구파들과 상의한 뒤 연산군에게 상소를 올렸어요.

무오사화가 일어났어요

조의제문을 본 연산군은 화가 나서 몸을 부들부들 떨었어요. 누가 보더라도 글 속의 항우는 자신의 증조할아버지 세조였고, 의제는 단종을 가리켰어요. 김종직은 조의제문을 통해 조카를 죽이고 왕이 된 세조의 잘못을 꾸짖었던 거예요. 유자광은 김종직이 조의제문을 지은 까닭은 단순히 의제의 죽음을 슬퍼한 것이 아니라, 세조를 비판하고 배반한 짓이라고 몰아붙였어요. 왕을 배반하는 것은 신하의 가장 큰 죄였지요.

폭군 연산의 등장

김종직은 이미 연산군이 왕위에 오르기 전에 죽고 없었어요. 연산군은 김일손과 나머지 김종직의 제자들을 잡아다 조사했어요. 평소 사림파를 못마땅하게 여긴 그는 훈구파의 말만 듣고 사림파들을 모질게 고문했어요. 연산군은 사실과 상관없이 수많은 사림파를 죄인으로 몰아 끔찍하게 죽였어요. 그리고 죽은 김종직의 무덤을 파고 관을 열어 다시 한 번 죽이는 부관참시라는 형벌을 내렸어요. 훈구파에 의해 사림파가 큰 화를 입은 이 사건을 '무오사화'라고 해요.

폐비 윤씨의 비극

궁궐이 놀이판으로 변했어요

사림파가 사라지자 조정은 훈구파의 세상이 되었어요. 연산군은 더 이상 다른 사람의 눈치를 보지 않았고 신하들도 학문을 강요하지 않았어요. 공부를 내팽개친 대신 하루가 멀다고 사냥을 하거나 궁궐에서 잔치를 벌였어요. 이름난 광대들을 초대하고 아름다운 기생들을 불러들여 즐기느라 엄청난 돈이 들어갔지요. 연산군이 궁궐로 불러들인 기생들을 흥청이라 했어요. 흥청들과 돈을 마구 쓰고 놀다가 나라가 망할 것이라는 데서 유래한 말이 흥청망청이에요.

폭군 연산의 등장

감히 내 재산을 뺏어?

연산군은 사냥과 놀이에 들어가는 돈을 마련하기 위해 백성들에게 더 많은 세금을 거두어들였어요. 백성들의 원망하는 목소리가 점점 높아지자 연산군은 훈구파 신하들에게 나누어 주었던 땅과 재산을 빼앗으려 했어요. 그때까지 잠자코 있던 신하들이 크게 반발했어요. 당장 사냥과 잔치를 그만두고 나랏일을 돌보는 데 집중하라는 상소를 올렸지요. 어느새 연산군과 훈구파 사이에도 금이 가기 시작했어요.

신하 주제에 자꾸 선을 넘네.

임사홍이 폐비 윤씨 이야기를 꺼냈어요

임사홍은 연산군과 가까운 신하였어요. 늘 연산군 곁에서 달콤한 말로 비위를 맞추었어요. 게다가 임사홍의 두 아들은 예종과 성종의 사위였어요. 임사홍은 궁궐을 마음대로 드나들 수 있었고, 어릴 때부터 연산군은 임사홍을 믿고 따랐지요. 임사홍은 목소리가 큰 다른 훈구파 신하들을 몰아내고 조정의 모든 권력을 독차지하고 싶었어요. 그래서 왕비의 오빠인 신수근과 함께 무서운 계략을 꾸몄어요.

갑자사화가 일어났어요

먼저 연산군은 어머니를 모함한 성종의 후궁들은 물론이고 그 자식들과 친정 식구들을 죽였어요. 가족이나 친척이 죄를 지었을 때 함께 처벌받는 것을 연좌제라고 해요. 〈경국대전〉에 따르면 여든이 넘은 사람은 연좌제에 따르지 않는다고 되어 있어요. 두 후궁의 아버지가 각각 여든둘과 여든하나였으나 연산군은 법을 무시하고 사형시켜 버렸어요. 또한 할머니 인수 대비를 찾아가 머리로 들이받는 폭력을 휘둘렀지요.

폭군 연산의 등장

연산군은 폐비 윤씨의 죽음과 관련 있는 신하들에게 벌을 내렸어요. 폐비 윤씨를 죽이지 말라고 반대하지 않은 신하, 성종의 명에 따라 사약을 가져간 신하들을 찾아내 처참하게 죽이거나 멀리 귀양 보냈어요. 이 사건을 '갑자사화'라 하는데, 100명이 넘는 신하들이 죽었고 귀양 간 사람은 셀 수조차 없었어요. 연산군은 어머니에게 제헌 왕후라는 시호를 내렸어요. 동대문 밖에 있던 초라한 묘를 크고 화려하게 세운 뒤 이름을 회릉이라고 지었답니다.

성균관에서 선비들을 내쫓았어요

갑자사화 이후 연산군은 나랏일과 더욱 멀어졌어요. 장녹수라는 후궁을 가까이하며 매일 잔치를 벌였어요. 장녹수를 위해 큰 집을 짓느라 궁궐 근처 백성들의 집을 빼앗아 허물었어요. 또한 사냥터를 만들기 위해 금을 그어 놓고 백성들을 먼 곳으로 내쫓아 버렸지요. 물론 백성들에게 아무런 보상도 하지 않았어요. 그뿐 아니라 채홍사라는 신하들을 팔도로 내려보내 아름다운 여인들과 좋은 말을 잡아다 바치게 했지요.

폭군 연산의 등장

연산군은 왕이 아침저녁으로 신하들과 공부하는 경연을 폐지했어요. 뿐만 아니라 자신을 비판하지 못하도록 왕의 잘못을 비판하는 관청인 사간원과 홍문관을 없애 버렸어요. 또한 조선 시대 학문 기관인 성균관의 선비들을 내쫓고 기생들을 불러들여 놀이터로 만들었어요. 절도 예외는 아니었어요. 한양 성안에 있는 원각사는 궁궐의 잔치를 준비하는 장악원으로 변했고 흥천사를 마구간으로 만들기도 했지요. 하지만 연산군을 비판하는 신하들을 찾아볼 수 없었어요.

실록 배움터

연산군은 왜 한글을 못 쓰게 했을까?

연산군이 아무리 입을 막아도 사람들의 불만을 덮을 수 없었어요.
김처선은 세종 때부터 연산군에 이르기까지 일곱 명의 왕을 모신 내시예요. 오직 김처선만 연산군의 잘못을 낱낱이 지적하고 고치기를 주장했어요. 결국 김처선은 연산군이 쏜 화살에 맞아 잔인하게 죽었어요.

분이 풀리지 않은 연산군은 김처선 이름의 첫 글자인 '처' 자를 사용하지 못하게 했어요. 그리고 신하들에게 '입은 화를 부르는 문, 혀는 몸을 베는 칼'이라고 쓴 나무토막을 목에 걸고 다니게 했지요.

쫓겨난 연산군

신하들이 역모를 꾸몄어요

연산군이 계속 포악하게 굴자 몇몇 신하들은 왕을 바꾸려는 계획을 세웠어요. 성희안은 성종 때 과거 시험에 급제하여 큰 사랑을 받았고 연산군 때 벼슬이 이조 참판에 이르렀어요. 어느 날 한강 망원정에서 벌어진 잔치에서 연산군의 잘못을 지적하는 시를 지었어요. 그러자 연산군은 성희안의 벼슬을 가장 낮은 종9품 부사용으로 떨어뜨렸어요.

폭군 연산의 등장

성희안은 아무도 모르게 뜻을 함께할 사람들을 모았어요. 가장 먼저 박원종을 찾아갔어요. 원래 박원종은 연산군의 가장 가까운 신하였어요. 박원종의 누이 박씨 부인은 왕의 큰아버지인 월산 대군의 아내였어요. 그런데 연산군이 박씨 부인을 궁궐로 불러들여 욕보였다는 소문이 돌았어요. 그로 인해 박원종의 마음은 연산군에 대한 분노로 들끓고 있었어요. 성희안과 박원종은 연산군에게 불만을 품은 신하들을 하나둘 끌어들였어요. 1506년 9월, 연산군이 장단으로 놀러 가는 날 반정을 일으키기로 했지요.

★**반정** 왕이 잘못하면 내쫓고 새 왕을 세우는 것을 가리켜요.

연산군이 강화도로 귀양 갔어요

반정군은 먼저 연산군과 가까운 세력들을 없앴어요. 그리고 감옥에 갇힌 죄수들을 풀어 주어 군사로 삼았지요. 창덕궁으로 쳐들어가는 동안 앞을 막는 사람은 없었어요. 궁궐을 지키던 군사들도 큰 저항을 하지 않았어요. 연산군을 지키던 내시와 궁녀들도 모두 달아났어요. 연산군은 잠을 자다가 반정군의 함성에 깨어났어요. 옥새를 빼앗기고 반정군 앞에 무릎을 꿇었지요. 반정군은 성종의 둘째 아들 진성 대군을 새 왕으로 정했어요.

폭군 연산의 등장

연산군과 그의 자식들은 강화도로 귀양을 갔어요. 연산군은 강화도 북쪽 교동도에서 살았고 세자와 나머지 왕자들도 근처에 흩어졌어요. 특별히 왕비 신씨는 귀양을 가는 대신 친정으로 돌아갔어요. 평소 대비들을 정성껏 모셨고 연산군의 잘못을 지적하여 사람들의 칭송을 받았기 때문이에요. 폭군으로 폐위된 연산군은 반정이 일어난 지 두 달 만에 서른한 살의 나이로 죽었답니다.

★**옥새** 금으로 만든 도장으로, 왕을 상징해요.

실록 배움터
조와 종과 군은 어떻게 다를까?

종묘란 왕들의 위패를 모신 사당이에요. 위패란 죽은 사람의 이름을 적은 패고요. 위패에는 왕의 묘호를 적어요. 묘호는 죽은 임금의 이름이에요. 태조, 세종, 성종, 선조 등을 묘호라 하지요. 묘호는 중국의 당나라에서 처음 쓰기 시작했어요. 우리나라에서는 고려 시대부터 왕이 죽으면 묘호를 붙였지요. 묘호에는 조와 종이 있어요.

"나라를 세우면 조!"

"업적이 있으면 조!"

조와 종의 차이는 무엇일까요? 원래 '조'는 나라를 세운 임금에게 붙였어요. 조선의 경우 이성계에게만 태조라는 묘호를 붙여야 하지요. 그러나 전쟁과 같은 큰 위기로부터 나라를 구했거나 포악한 왕을 내쫓고 반정에 성공한 경우에도 조의 묘호를 붙여 주었어요. 태조 이후 조의 묘호를 받은 왕은 단종을 몰아내고 왕위에 오른 세조, 임진왜란을 겪은 선조와 병자호란을 치른 인조 등이 있어요. 조는 종보다 더 큰 업적을 세운 왕을 의미하는 묘호였어요. 군은 연산군과 광해군처럼 쫓겨난 임금을 말해요.

실록 놀이터

조선 왕조 500년을 이끈 임금은 모두 27명이에요. 그중에 조는 7명이고, 종은 18명, 군은 2명이에요. 빈칸에 조·종·군을 써넣어 보세요.

연산 ☐ 궁궐에 기생들을 불러 잔치를 벌였어요.

성 ☐ 사림파를 한양으로 불러올려 벼슬을 내렸어요.

반정에 성공한 신하들은 연산군을 내쫓고 중종을 왕위에 앉혔어요. 하루아침에 왕을 바꾼 신하들의 권세는 어마어마했어요. 어리고 경험이 부족한 중종을 허수아비처럼 다루었고 자기들 마음대로 나랏일을 처리했어요. 중종은 나이가 들수록 신하들의 행동이 못마땅했어요. 젊은 왕은 시간이 흐르기를 조용히 기다렸지요. 마침내 자신을 도와 새로운 세상을 함께 만들어 갈 인재가 나타났어요. 바로 조광조였지요.

조광조의 개혁

힘없는 중종

중종이 왕위에 올랐어요

엉겁결에 진성 대군은 연산군의 뒤를 이어 1506년 9월, 왕이 되는 의식을 치렀어요. 바로 조선의 제11대 임금 중종이에요. 그의 첫 번째 왕비 신씨는 신수근의 딸이었어요. 신수근은 연산군의 왕비인 신씨 부인과 남매간이기도 했지요. 처음에 박원종은 신수근을 찾아가 딸을 위해 반정에 힘을 보태라고 권했어요. 신수근은 고민에 빠졌어요. 딸을 위해서는 참여하는 것이 옳지만 누이를 위해 차마 그럴 수 없었어요. 신수근은 반정에 참여하지 않았고 박원종에 의해 가장 먼저 죽임을 당했어요.

조광조의 개혁

중종은 왕비 신씨와 무척 사이가 좋았어요. 그러나 반정을 일으킨 공신들이 왕비를 그대로 둘 리 없었지요. 훗날 아버지의 복수를 하기 위해 자신들을 공격할 것이 불을 보듯 뻔했거든요. 중종의 반대에도 불구하고 박원종과 공신들은 7일 만에 신씨를 왕비 자리에서 끌어내렸고 궁궐 밖으로 내쫓아 버렸어요. 그리고 장경 왕후 윤씨를 새 왕비로 맞아들였어요. 하지만 장경 왕후는 세자를 낳고 며칠 만에 죽었어요. 그 세자가 나중에 조선의 제12대 임금인 인종이 된답니다.

반정 공신들이 권력을 휘둘렀어요

반정에 성공한 박원종과 성희안, 유순정 등은 권력을 움켜쥐고 마음대로 나랏일을 처리했어요. 공을 세운 신하들의 명단을 기록할 때 가까운 사람들의 이름을 제멋대로 올렸어요. 그중에는 반정과 아무 상관이 없는 사람들도 공신 명단에 들어갔어요. 어떤 사람은 자기 아들을 올리기도 하고 어떤 사람은 뇌물을 주고 올리기도 했지요. 심지어 연산군에게 충성을 다한 신하들의 이름이 들어가기도 했어요. 공신이 된 신하들은 노비와 재산을 마음대로 나누어 가졌어요.

조광조의 개혁

중종은 한동안 공신들에게 짓눌려 허수아비 노릇을 했어요. 세자 수업을 받지 못하고 갑자기 왕이 되었기 때문에 나랏일에 어둡기도 했지요. 중종은 사랑하는 왕비조차 지킬 수 없을 만큼 나약한 왕이었어요. 시간이 흐를수록 중종의 마음속에 불만이 점점 쌓였고 박원종과 성희안 등 공신들이 하나둘 세상을 떠났어요. 중종은 자신의 뜻대로 정치할 수 있는 기회가 다가오고 있다고 생각했어요.

조선은 우리 손안에 있지롱.

경복궁

실록 배움터

인왕산 치마바위 이야기

인왕산은 경복궁의 서쪽에 있는 산이에요. 호랑이처럼 용맹하게 서쪽에서 오는 나쁜 기운을 물리치는 산으로 알려져 있어요. 인왕산은 범바위, 모자바위, 매바위, 병풍바위 등 수많은 바위가 있지요. 그 가운데 치마바위가 있어요. 치마바위에는 슬프고 애틋한 옛이야기가 전해져 내려온답니다.
반정을 일으킨 신하들에 의해 쫓겨난 왕비 신씨는 인왕산 아래 사직동에서 살았어요. 중종과 신씨는 서로를 그리워하며 하루하루 보냈지요.
신씨는 중종에게 자신의 마음을 알리고 싶었어요. 자주 입던 붉은 치마를 경복궁에서 잘 보이는 인왕산 바위에 펼쳤어요. 중종은 경회루 위에서 인왕산 바위에 펼쳐진 치마를 보고 안타까운 마음을 달랬어요. 그때부터 사람들은 그 바위를 치마바위라고 불렀다고 해요.
신씨는 233년이 지난 영조 때 다시 왕비의 자리를 되찾았고, 단경 왕후라는 시호를 받았어요.

치마가 아닌 중전 얼굴이 보고 싶소….

실패한 개혁

조광조를 불러들였어요

중종은 공신들을 물리치기 위해 사림파 조광조를 조정으로 불러들였어요. 조광조는 스물아홉 살에 1차 과거 시험에 합격하여 진사가 되었고 성균관에 입학했어요. 조광조는 많은 사람의 기대를 받을 만큼 눈에 띄는 선비였지요. 5년 뒤 성균관 유생 2백여 명과 이조 판서의 추천으로 벼슬을 시작했고, 문과 2차 과거에 급제했어요. 중종은 공신파로부터 벗어날 수 있는 수단으로 조광조를 떠올렸어요.

조광조의 개혁

조광조의 스승은 김굉필이었어요. 사림파는 연산군 때 대부분 죽거나 귀양을 갔어요. 무오사화 때 김종직의 제자 김굉필도 평안도 희천으로 귀양 갔어요. 마침 조광조의 아버지가 일 때문에 그곳으로 내려갔고, 조광조는 김굉필의 제자가 되었어요. 김굉필은 조광조에게 성리학의 가르침에 따라 정치를 해야 한다고 가르쳤어요. 곧 임금이든 신하든 공자와 맹자 같은 성인의 마음으로 백성을 다스려야 한다는 것이었지요.

향약과 현량과를 실시했어요

공신파를 몰아내야 한다는 점에서 중종과 조광조의 생각은 비슷했어요. 조광조는 공신들을 백성이 아닌 자신의 이익만 추구하는 사람들이라고 생각했어요. 조선을 바로 세우기 위해 가장 먼저 해야 할 일은 공신파를 몰아내는 것이었어요. 조광조는 중종에게 왕도 정치를 강조했어요. 왕이 도덕적으로 완벽한 인간이 되어야 탐욕스러운 공신들을 물리칠 수 있고 자연스럽게 백성들도 왕을 따르게 된다는 것이지요.

조광조의 개혁

왕도 정치를 하기 위해 조광조는 전국에 향약을 실시했어요. '향약'이란 마을의 모든 구성원이 지켜야 할 규칙이라는 뜻이에요. 양반뿐 아니라 일반 백성들도 성리학의 가르침인 충효를 실천하고 서로 예절을 지키며 어려울 때 돕자는 내용이랍니다. 또한 조광조는 과거 제도로 훌륭한 인재를 뽑을 수 없다고 생각했어요. 훌륭한 인재의 조건은 학문 실력뿐 아니라 높은 덕과 어진 마음이기 때문이에요. 그런 조건을 모두 갖춘 인재를 한양과 지방에 사는 선비들의 추천을 받아서 선발하는 제도가 '현량과'랍니다.

공신의 자격을 빼앗았어요

현량과를 통해 전국에서 28명의 사림파가 조정의 중요한 자리를 차지했어요. 중종은 조광조를 사헌부★의 우두머리인 대사헌에 임명했어요. 조광조와 사림파의 목소리가 커지자 공신파들의 불만이 점점 커졌어요. 그러던 중 조광조가 연산군을 몰아내고 중종을 왕위에 올린 중종반정에 참여한 공신들 가운데 자격이 없는 76명의 이름을 삭제해야 한다는 주장을 폈어요. 공신들은 자신의 위치가 흔들리자 해결책을 찾아 나섰어요.

★**사헌부** 관리들의 잘못을 비판하고 기강을 바로잡던 관청이에요.

전하~ 통촉하여 주시옵소서.

조광조의 개혁

사림파는 중종에게도 호락호락하지 않았어요. 자신들이 옳다고 믿는 정책이라면 밤새도록 궁궐 앞에 꿇어앉아 왕에게 받아들이라고 요구했어요. 나랏일도 많은데 아침부터 밤까지 공부를 강요하는 것도 피곤한 일이었지요. 선생님처럼 임금을 가르치려는 조광조의 태도도 마음에 들지 않았어요. 중종은 왕권이 조광조와 사림파의 권세에 눌리고 있다고 느꼈어요. 중종의 마음속에는 조광조에 대한 불신이 싹텄어요.

조씨가 왕이 된다는 소문이 퍼졌어요

조광조에 의해 공신의 자격을 빼앗긴 심정이란 사람이 있었어요. 심정은 호시탐탐 복수할 기회를 노렸어요. 가깝게 지내던 남곤, 홍경주와 머리를 맞대고 계략을 꾸몄지요. 마침 홍경주의 딸이 중종의 후궁인 희빈 홍씨였어요. 세 사람은 희빈을 시켜 중종에게 조광조를 모함하도록 했어요.
"온 나라 백성들의 마음이 조광조에게 기울었습니다. 조광조가 자기 제자들을 조정에 끌어들여 반대파를 내쫓으려 하고 있습니다."

조광조의 개혁

또한 궁녀들에게 궁궐 뒤뜰의 나뭇잎에 꿀물로 '주초위왕'이라는 글자를 쓰게 했어요. 주(走)와 초(肖)를 합하면 조(趙)가 되고, '위왕'은 왕이 된다는 말이에요. 조씨가 왕이 된다는 것은 바로 조광조가 왕이 된다는 뜻이지요. 벌레들이 꿀물을 갉아 먹자 글자가 또렷이 나타났어요. 희빈은 나뭇잎을 중종에게 보여 주었고, 조광조가 왕이 된다는 소문을 궁궐 안에 퍼뜨렸어요. 그러지 않아도 조광조를 불편하게 여기던 중종은 몹시 화가 났어요.

기묘사화가 일어났어요

심정과 남곤, 홍경주는 밤중에 궁궐로 들어가 중종을 만났어요. 조광조가 현량과를 통해 가까운 사람들에게 벼슬을 나눠 주고 사림들의 당을 만들어 나라를 어지럽혔다고 주장했어요. 중종은 조광조와 김정 등 사림파 신하들을 잡아들이라는 명을 내렸어요. 사림파들은 모진 고문을 당하고 옥에 갇혔어요. 심정의 무리는 조광조와 사림파를 당장 사형시켜야 한다고 주장했어요. 그러나 다른 신하들이 반대했고 성균관 선비들 1,000여 명이 광화문 앞에 모여 조광조를 풀어 주라는 주장을 펼쳤어요.

나라를 어지럽힌 조광조와 사림파에게 사형을 내리시옵소서.

조광조의 개혁

조광조의 죄는 당파를 만들어 나라를 혼란스럽게 했다는 것이었어요. 조광조는 전라도 능주로 귀양 갔다가 결국 사약을 받았어요. 사림파의 주요 인물들도 사형을 당하거나 귀양을 가게 되었지요. 사림파를 몰아내는 데 크게 활약한 공신파들은 높은 벼슬에 올랐어요. 기묘년인 1519년에 조광조를 비롯해 수많은 선비들이 화를 당한 사건을 '기묘사화'라고 해요.

효자 임금

인종은 학문을 좋아했어요

1544년 11월, 중종이 죽고 조선의 열두 번째 임금 인종이 왕위에 올랐어요. 중종과 장경 왕후 윤씨 사이에 태어난 인종은 여섯 살 되던 해 세자가 되었지요. 장경 왕후는 인종을 낳고 며칠 만에 죽어서 계모인 문정 왕후 윤씨의 손에서 자랐어요. 얼마 후 문정 왕후가 경원 대군을 낳았어요. 인종은 경원 대군을 친동생처럼 아껴 주었고 경원 대군도 인종을 잘 따랐어요.

조광조의 개혁

인종은 어릴 때부터 학문을 좋아했어요. 세 살 때부터 글을 읽기 시작했고 여덟 살 되던 해 성균관에 들어가 하루에 세 차례 스승들과 열심히 공부했어요. 인종은 성리학을 갈고닦으며 조광조가 부르짖은 왕도 정치의 중요성을 깨달았어요. 먼저 시골에 물러나 있던 사림파 인물들을 다시 조정으로 불렀어요. 그리고 조광조를 비롯한 사림파의 억울한 죄를 벗겨 주라는 명을 내렸어요.

문정 왕후의 괴롭힘을 받았어요

인종과 경원 대군은 친형제처럼 사이가 좋았으나, 문정 왕후는 그렇지 않았어요. 원래 사납고 차가운 성격이라 온갖 트집을 잡아 인종을 괴롭혔어요. 인종의 문안 인사도 받지 않았고 심지어 자신과 경원 대군을 언제 죽일 거냐며 터무니없는 말로 따지기도 했어요. 어질고 착한 인종은 자신의 효심이 부족한 탓이라며 문정 왕후의 화를 풀어 주려고 애썼어요.

조광조의 개혁

인종은 왕이 되고 나서 8개월 만에 죽었어요. 서른한 살의 젊은 나이였지요. 인종은 조선 시대 가운데 재위 기간이 가장 짧은 임금이에요. 사람들 사이에 인종이 아버지를 잃은 슬픔과 계모인 문정 왕후의 괴롭힘으로 인해 일찍 죽은 것이라는 말이 떠돌았어요. 학문을 사랑하는 착하고 어진 임금의 죽음을 다들 안타까워했지요. 인종이 묻힌 능 이름은 부모에게 효성을 다한 임금이라는 뜻을 담아 효릉이라 지었어요.

문정 왕후의 세상

문정 왕후가 수렴청정을 했어요

인종에게는 다음 왕위를 이어 갈 아들이 없었어요. 자연스럽게 문정 왕후가 낳은 경원 대군이 왕이 되었지요. 바로 조선의 제13대 임금 명종이에요. 명종은 머리가 좋고 부지런했어요. 훌륭한 왕이 될 수 있는 자격을 충분히 갖추었으나 어릴 때부터 거칠고 사나운 어머니의 눈치를 보며 자랐어요. 호랑이 같은 문정 왕후에게 짓눌려 자기 의견을 떳떳이 밝히는 것조차 쉽지 않았지요.

조광조의 개혁

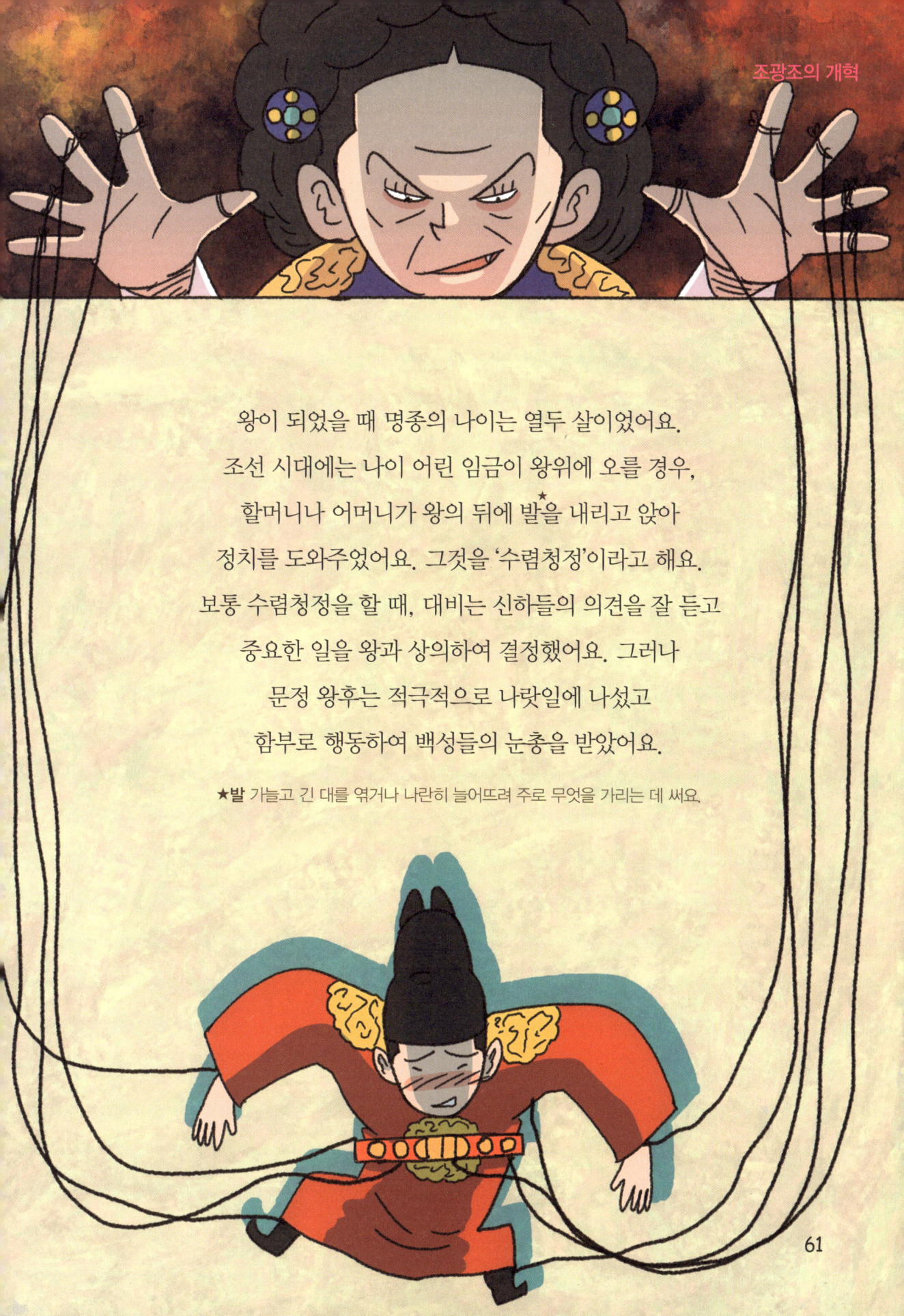

왕이 되었을 때 명종의 나이는 열두 살이었어요.
조선 시대에는 나이 어린 임금이 왕위에 오를 경우,
할머니나 어머니가 왕의 뒤에 발을 내리고 앉아
정치를 도와주었어요. 그것을 '수렴청정'이라고 해요.
보통 수렴청정을 할 때, 대비는 신하들의 의견을 잘 듣고
중요한 일을 왕과 상의하여 결정했어요. 그러나
문정 왕후는 적극적으로 나랏일에 나섰고
함부로 행동하여 백성들의 눈총을 받았어요.

★발 가늘고 긴 대를 엮거나 나란히 늘어뜨려 주로 무엇을 가리는 데 써요.

윤원형이 권력을 잡았어요

인종의 외삼촌 윤임과 명종의 외삼촌 윤원형은 중종 때부터 서로 으르렁대는 사이였어요. 윤임은 윤원형이 음모를 꾸며 세자 자리를 빼앗아 갈까 봐 걱정했어요. 윤원형도 윤임이 자신과 경원 대군을 해치지 않을까 두려워했지요. 당연히 문정 왕후는 자신의 동생 윤원형의 편을 들었어요. 두 사람의 보이지 않는 갈등은 세상에 조금씩 알려졌어요. 백성들은 윤임을 대윤, 윤원형을 소윤이라고 불렀어요.

조광조의 개혁

인종이 죽기 전까지 조선의 권력자는 윤임이었어요. 윤임은 윤원형과 사이가 좋지 않은 사림파들을 조정으로 불러들여 중요한 관직에 앉혔어요. 그러나 인종이 8개월 만에 죽자 하루아침에 권력은 윤원형에게 넘어갔어요. 윤원형은 가장 아끼는 여인인 정난정을 문정 왕후에게 보내 윤임 일파를 모함했어요. 윤원형과 정난정은 문정 왕후를 등에 업고 나랏일을 제멋대로 처리했으며, 뇌물을 받거나 벼슬자리를 팔아서 부자가 되었어요.

을사사화가 일어났어요

윤원형은 권력을 잡자마자 윤임 일파를 없앨 계략을 꾸몄어요. 윤원형은 인종이 죽을 무렵 윤임이 경원 대군 대신 다른 왕자를 새 왕으로 모시려 했다는 주장을 폈어요. 문정 왕후는 윤임을 귀양 보내고 가까운 사람들의 벼슬을 빼앗았어요. 사림파 신하들이 계속 저항하자 윤임과 가까운 사람들을 죽이고 수많은 선비를 귀양 보냈어요. 명종이 즉위한 1545년에 일어난 이 사건을 '을사사화'라고 해요.

조광조의 개혁

을사사화 2년 후, 경기도 과천의 양재역 벽에 다음과 같은 종이가 나붙었어요.
"위에는 여왕, 아래는 간신 이기가 권력을 휘둘러 나라가 망할 것이다."
여왕이란 임금의 어머니 문정 왕후를 가리켰어요. 소식을 접한 문정 왕후는 살아남은 윤임의 세력이 벌인 짓이라고 생각했어요. 화를 참을 수 없던 문정 왕후는 과거에 윤임을 도와서 윤원형을 공격했던 선비들을 모조리 죽이거나 귀양 보냈어요.

윤원형을 견제하려다 실패했어요

1553년, 명종이 스무 살이 되자 문정 왕후의 수렴청정이 끝났어요. 하지만 문정 왕후는 계속 정치에 참견했어요. 내관을 보내 조정의 상황을 일일이 보고받았고, 툭하면 명종에게 편지를 써 보내 자신이 원하는 대로 일을 처리하게 했어요. 말을 듣지 않으면 왕을 불러다 야단을 치거나 심지어 매질을 하기도 했지요.

조광조의 개혁

게다가 외삼촌 윤원형은 문정 왕후를 믿고 온갖 못된 짓을 일삼았어요.
명종은 윤원형 세력을 꺾기 위해 왕비 인순 왕후 심씨의 외삼촌 이량을
대사간★의 우두머리로 임명했어요. 이량의 벼슬은 점점 높아져 이조 판서에
이르렀어요. 그러나 이량은 명종의 바람과는 전혀 다른 사람이었어요.
윤원형과 마찬가지로 자기 세력을 키우는 일에 열중했어요.
또한 뇌물을 좋아해서 이량의 집 앞은 늘 시장통처럼
북적거렸다고 해요.

★대사간 조정의 잘못된 점을 지적하고 바로잡던 벼슬이에요.

혼란에 빠진 조선

을묘왜변이 일어났어요

나라 안이 어수선한 가운데 바다 건너 수상한 움직임이 있었어요. 중종 때 일어난 삼포 왜란 이후 조선은 일본에 보내는 세견선을 줄였어요. 조선과 활발한 무역을 할 수 없게 되자 1555년, 왜구는 70여 척의 배를 타고 전라도 영암 바닷가 마을을 침략했어요. 전라도 병마절도사 원적은 곧장 영암으로 달려갔어요. 성은 왜구에 의해 포위되었고 식량도 다 떨어진 상황이었어요. 원적은 백성들을 살리기 위해 항복하려 했지만 성을 무너뜨린 왜구들은 원적을 비롯한 장수들을 죽였어요.

★세견선 물건을 실어 나르던 배를 가리켜요.

조광조의 개혁

을묘왜변으로 수많은 백성이 희생되었고 곡식과 재물을 약탈당했으며 집이 불타 버렸어요. 조정에서는 군대를 내려보내 왜구를 몰아내도록 했어요. 왜구들이 제주도로 달아났으나 제주 목사 김수문과 군사들에 의해 쫓겨났어요. 몇 달 후 쓰시마섬의 우두머리가 조선을 침략한 왜구의 목을 베어 보내며 잘못을 빌었어요. 조선 조정도 세견선을 늘려 주었지요. 조선과 일본은 임진왜란 때까지 평화로운 관계를 이어 나갔어요.

임꺽정의 무리가 나타났어요

나라 안은 도적으로 들끓었어요. 대부분의 도적은 높은 세금과 양반들의 괴롭힘을 견디지 못해 고향을 떠나 떠돌이가 된 사람들이었어요. 도적들은 무리를 지어 부자들의 집을 습격하고 양반들을 혼내 주었어요. 가장 유명한 도적은 경기도 양주의 백정이었던 임꺽정의 무리예요. 임꺽정은 힘이 장사인 데다 몹시 빠르고 날랬으며 용감했어요. 임꺽정의 무리는 세력을 키워 황해도 구월산에 터를 잡았어요.

조광조의 개혁

임꺽정은 부자들의 재물을 빼앗다가 나중에는 황해도와 경기도의 관아를 습격하여 창고의 곡식을 가난한 백성들에게 나누어 주기도 했지요. 사람들은 임꺽정을 의로운 도적, 의적이라 불렀어요. 조정에서는 임꺽정을 체포하기 위해 군사들을 보냈으나 쉽게 잡을 수 없었어요. 잡아 놓고 보면 다른 사람이었고, 임꺽정은 연기처럼 어디론가 사라졌어요. 1562년, 임꺽정은 황해도 서흥에서 붙잡혀 한양으로 올라와 15일 만에 사형을 당했다고 전해져요.

나라가 망하지 않은 것이 다행이었어요

조선을 혼란스럽게 만든 것은 윤원형과 이량 등이었지만, 가장 큰 책임은 문정 왕후에게 있었지요. 1565년 문정 왕후가 죽자, 명종은 윤원형과 정난정을 황해도 강음으로 내쫓았어요. 그리고 문정 왕후가 아끼던 승려 보우를 제주도로 귀양 보냈어요. 문정 왕후는 불교 신자라서 보우를 극진하게 모셨어요. 보우의 뜻에 따라 승려들의 과거 시험인 승과를 부활시켰고, 불교 발전을 위해 많은 돈을 써서 유학자들과 백성들의 원성이 높았어요.

조광조의 개혁

"왕 위에 엄마 있다."

명종은 인재를 새로 뽑고 백성들을 위해 새로운 정치를 펼치려고 했어요. 그러나 문정 왕후가 죽고 나서 2년 만에 서른넷의 젊은 나이로 세상을 떠났어요. 결국 명종은 어머니 문정 왕후에게 억눌려 뜻을 제대로 펴 보지도 못했어요. 〈명종실록〉에는 문정 왕후에 대해 다음과 같은 비판이 실려 있어요.
"문정 왕후로 인해 나라의 기강이 무너지고 상황이 너무 나빠져서 백성을 구할 수 없을 지경에 이르렀다. 나라가 망하지 않은 것이 다행이었다."

실록 놀이터

연산군 때부터 명종 때까지 네 번의 사화가 일어났어요. 사화의 이름과 그 배경에 해당하는 내용을 알맞게 연결해 보세요.

무오사화

갑자사화

김종직이 사초에 실린 조의제문으로 부관참시에 처했어요.

조광조가 왕이 된다는 소문으로 죽음에 이르렀어요.

문정 왕후가 윤임 일파를
몰아냈어요.

폐비 윤씨의 죽음과 관련 있는 사람들이
화를 당했어요.

훈구파들이 사라지자 사림파가 조정을 차지했어요. 사림파는 다 같이 성리학을 공부했지만 점점 생각의 차이를 드러냈어요. 동인과 서인으로 갈라졌고, 동인은 또 남인과 북인으로 나뉘었어요. 신하들이 당파 싸움을 하는 사이 나라 밖 외적들의 움직임이 심상치 않았어요. 북쪽에서는 조선의 보호를 받던 여진족 이탕개가 난을 일으켜 소란을 피웠어요. 바다 건너 일본에서는 도요토미 히데요시가 호시탐탐 조선을 넘보았지요.

당파 싸움과 임진왜란

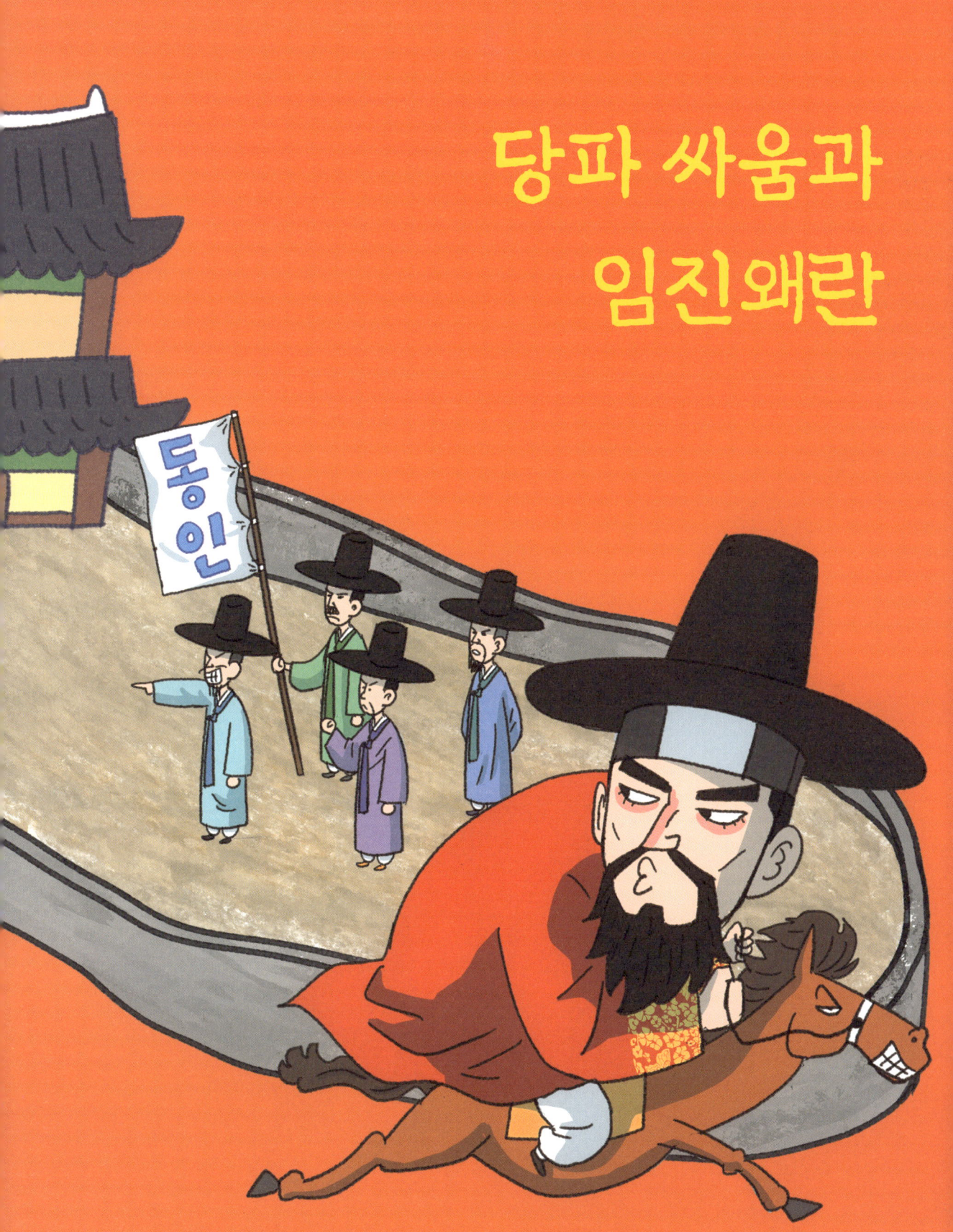

사림파들의 싸움

덕흥군의 아들이 왕이 되었어요

명종에게는 유일한 후계자인 순회 세자가 있었어요. 그러나 열세 살의 어린 나이에 아버지보다 먼저 세상을 떠났어요. 명종이 죽고 나니 왕비가 낳은 왕자가 없었어요. 결국 후궁의 자손 가운데 왕위를 이을 사람을 찾을 수밖에 없었지요. 중종의 후궁 창빈 안씨의 아들 덕흥군에게는 세 아들이 있었어요. 명종은 특히 막내아들 하성군을 아꼈고 종종 궁궐로 불러들였어요.

당파 싸움과 임진왜란

명종의 왕비 인순 왕후 심씨는 명종의 유언과 신하들의 추천을 받아서 하성군을 양자로 삼았어요. 하성군이 바로 조선의 제14대 왕 선조랍니다. 즉위 당시 선조의 나이가 열여섯 살이었고 세자 수업을 받지 못해서 인순 왕후가 8개월 동안 수렴청정을 했어요. 공부를 좋아하던 선조는 학문을 더욱 열심히 갈고닦았어요. 그리고 조정에서 훈구파를 몰아낸 뒤 사림파를 불러들여 중요한 관직에 앉혔어요.

사림파가 동인과 서인으로 나뉘었어요

선조는 성리학의 두 봉우리인 퇴계 이황과 율곡 이이를 높이 떠받들었어요. 나라의 스승으로 모셨고 큰 벼슬을 내렸지요. 이황이 죽었을 때, 선조는 크게 슬퍼하며 3일 동안 조정에 나가지 않았어요. 처음에 이황과 이이의 제자들은 순수하게 학문을 주제로 다투었어요. 훈구파가 밀려나고 권력을 독차지하게 되자 벼슬자리와 이익을 두고 싸우게 되었지요.

선조 초기, 이황의 제자인 김효원이 이조 전랑에 추천되었어요. 이조 전랑은 낮은 벼슬이었지만 관리를 추천할 수 있는 중요한 자리였어요.

당파 싸움과 임진왜란

인순 왕후의 동생 심의겸은 과거에 김효원이 훈구파 윤원형과 가깝게 지냈다며 반대했어요. 김효원은 이조 전랑이 되었고, 주변에서 다음 이조 전랑으로 심의겸의 동생 심충겸을 추천했어요. 이번에는 김효원이 심충겸을 반대하고 나섰지요. 김효원과 심의겸의 사이는 완전히 틀어졌고 두 사람을 중심으로 조정의 신하들이 모였어요. 심의겸의 집은 한양의 서쪽인 정동에 있었어요. 김효원의 집은 동쪽인 건천동에 있었지요. 두 사람을 따르는 무리를 각각 서인과 동인이라 했어요.

정여립이 대동계를 만들었어요

율곡 이이는 생전에 당파 싸움을 막기 위해 선조에게 상소를 올렸어요. 서인이었던 정여립은 죽은 이이를 헐뜯으며 동인들과 가깝게 지내다 선조의 미움을 받게 되었어요. 정여립은 벼슬을 그만두고 고향으로 돌아가 집을 크게 짓고 대동계라는 모임을 만들어 많은 사람과 어울렸어요. 전라도에서 시작된 대동계는 황해도까지 확대되었어요. 서인들은 대동계를 의심스러운 눈으로 쳐다보았어요.

당파 싸움과 임진왜란

1589년 10월, 황해도 관찰사가 정여립이 반란을 꾸미고 있다고 선조에게 보고했어요. 한강이 얼면 정여립이 전라도와 황해도의 무리를 이끌고 한양을 공격한다는 것이었지요. 소식을 접한 정여립은 아들과 달아났다가 스스로 목숨을 끊었어요. 이 사건을 조사한 서인 송강 정철은 동인 세력을 완전히 뿌리 뽑으려고 가혹하게 심문했어요. 정여립과 가까운 동인들이 고문을 당하다 죽었지요. 기축년에 일어난 이 사건을 '기축옥사'라고 해요.

세자 책봉 문제가 일어났어요

기축옥사 이후 조정은 서인의 차지가 되었어요. 선조의 나이가 마흔 살이 넘었으나 세자의 자리가 비어 있었어요. 의인 왕후 박씨가 몸이 약해 아이를 낳지 못했기 때문이지요. 세자는 국본이라 불렸어요. 나라의 근본이라는 뜻이지요. 왕위는 잠시도 비워 둘 수 없으므로 다음 왕이 될 세자를 정하는 문제는 매우 중요한 일이었어요. 신하들은 한시라도 빨리 세자를 정하라고 선조에게 건의했어요.

당파 싸움과 임진왜란

"이산해는 또 약속 어겼냐?"

"아프대요."

다행히 선조는 후궁들에게서 여러 명의 왕자를 낳았어요. 신하들은 후궁의 아들 가운데 세자를 정하기로 했어요. 좌의정 정철은 같은 서인인 유성룡 등과 먼저 세자 책봉 문제를 의논했어요.
그러고 나서 동인인 영의정 이산해와 상의하려고 약속을 잡았으나 번번이 미루어졌어요. 이산해는 아무도 모르게 정철과 서인들에게 복수할 음모를 차근차근 꾸미고 있었지요.

"서인 자식들, 내가 반드시 복수한다."

동인이 남인과 북인으로 갈라졌어요

신하들이 보기에 가장 똑똑한 왕자는 공빈 김씨가 낳은 광해군이었어요. 광해군은 선조의 둘째 아들이었지요. 큰아들 임해군이 있었으나, 속이 좁고 성질이 사나워 세자가 되기에 알맞지 않았어요. 그러나 선조가 가장 아끼는 왕자는 인빈 김씨의 아들 신성군이었어요. 이산해는 조용히 인빈 김씨의 오빠를 만나 정철과 서인들이 광해군을 세자로 삼고 인빈 김씨와 신성군을 해치려 한다는 모함을 했지요. 인빈 김씨는 눈물을 뚝뚝 흘리며 모든 사실을 선조에게 고해바쳤어요.

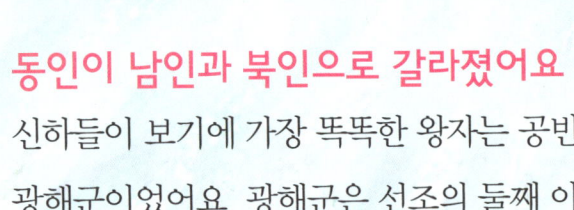

서인들이 저와 신성군을 죽이려고 해요.

두고 보자, 서인들.

선조는 불같이 화를 냈어요. 정철을 비롯한 서인들의 벼슬을 빼앗고 멀리 귀양을 보냈어요. 이산해는 한번 잡은 기회를 놓치지 않았어요. 특히 기축옥사 때 수많은 동인을 죽게 만든 정철을 용서할 수 없었지요. 이산해와 이발은 정철을 죽여야 한다고 주장했어요. 그에 반해 우성전과 유성룡은 귀양 보내는 것으로 끝내자고 했어요. 동인은 둘로 나뉘어 팽팽히 맞섰어요. 이산해를 따르는 강경파를 북인, 우성전을 따르는 온건파를 남인이라 한답니다.

서로 다른 주장

북쪽의 야인과 남쪽의 일본이 일어났어요

조선 건국 후 200년 동안 외적의 큰 침략이 없는 평화가 계속되었어요. 하지만 신하들이 사화를 일으키고 당파 싸움을 벌이며 싸우는 등 나라 안이 혼란스러운 사이, 북쪽에서 이탕개의 무리가 반란을 일으켰어요. 이탕개는 세종 때 설치한 6진에서 살고 있던 여진족의 후손이었어요. 선조는 군대를 보내 이탕개가 이끄는 여진족들을 정벌했어요.

당파 싸움과 임진왜란

북쪽 여진족보다 더 큰 문제는 남쪽의 일본이었어요. 일본은 서양의 상인들과 활발하게 무역을 했고 과학 기술을 받아들였어요. 곳곳에 큰 상업 도시가 생기고 경제가 발달했지요.
그 무렵 도요토미 히데요시가 혼란스러운 일본을 통일했어요. 그러나 각 지방의 우두머리들이 언제 세력을 키워 반란을 일으킬지 알 수 없었어요. 반란 세력들의 관심을 다른 곳으로 돌리는 가장 좋은 방법은 다른 나라와 전쟁을 일으키는 것이었어요. 도요토미 히데요시는 조선과 명나라를 공격하기로 마음먹었어요.

황윤길과 김성일을 일본으로 보냈어요

도요토미 히데요시는 쓰시마섬의 책임자를 시켜 조선 조정에 편지를 보냈어요. 쓰시마섬은 일본과 조선 사이에 있는 작은 섬이에요. 편지에는 조선과 손을 잡고 명나라로 쳐들어가기를 원한다는 것과 문화를 전해 주는 외교관인 통신사를 보내 달라는 내용이 실려 있었어요. 선조는 편지의 내용이 무례하다며 도요토미 히데요시의 의견을 무시했어요. 통신사를 보내 달라는 요청이 계속되자 선조는 신하들과 여러 번 회의를 했어요. 일본의 상황과 도요토미 히데요시의 속마음을 정확히 알아보기 위해 편지와 사신을 보내기로 했지요.

당파 싸움과 임진왜란

1590년 3월 통신사들이 부산을 떠나 일본으로 향했어요. 황윤길, 김성일, 허성 세 사람이었어요. 하지만 도요토미 히데요시는 이런저런 핑계를 대며 통신사 일행을 만나지 않았어요. 11월이 되어서야 비로소 통신사를 만난 도요토미 히데요시의 태도는 오만하고 무례했어요. 게다가 선조의 편지에 답장도 주지 않고 조선으로 돌아가라고 했지요. 김성일은 돌아갈 수 없다고 고집을 부리다가 잘못하면 일본에 붙잡혀 갇힐 수 있다는 황윤길의 말에 조선으로 출발했어요.

전쟁의 위험을 무시했어요

통신사들이 일본을 떠나기 바로 전, 도요토미 히데요시의 답장을 받을 수 있었어요. 일본이 명나라를 공격하려고 하니 조선이 무릎을 꿇고 도우라는 내용이었지요. 통신사들은 깜짝 놀라 편지의 내용을 고쳐 달라고 요청했어요. 도요토미 히데요시는 대충 고치는 시늉만 했어요. 1591년 3월, 통신사들은 일본으로 떠난 지 1년 만에 부산에 도착했어요. 도요토미 히데요시와 일본의 움직임에 대한 통신사들의 의견은 제각각이었어요.

도요토미는 반드시 조선을 침략할 것입니다.

뭣이?

당파 싸움과 임진왜란

"도요토미 히데요시는 눈빛이 밝고 빛이 났습니다. 반드시 조선을 침략할 것입니다."

서인인 황윤길의 말에 동인인 김성일은 펄쩍 뛰며 고개를 저었어요.

"도요토미 히데요시는 쥐처럼 보잘것없는 자입니다. 전쟁을 일으킬 리 없습니다."

선조는 권력을 잃은 서인들이 전쟁의 공포를 부추겨 민심을 어지럽힌다고 비판했어요. 그러자 어떤 신하도 전쟁이 일어날 것이라는 주장을 다시 꺼낼 수 없었어요.

그렇군.

도요토미는 별거 아닌 졸보입니다.

임진년, 전쟁의 시작

일본군이 부산으로 쳐들어왔어요

1592년 4월 13일, 20만여 명의 일본군이 700여 척의 배를 타고 부산 앞바다에 나타났어요. 일본군이 절영도에 내려 지형을 살피는 동안 조선군은 아무것도 모르고 있었어요. 다음 날 새벽, 일본군은 경상 우수영의 군사들을 물리치고 부산진과 동래성을 포위하고 공격하기 시작했어요. 부산진 첨사 정발과 동래 부사 송상현은 뒤늦게 군사들을 불러 모아 일본군에 맞섰어요. 보잘것없는 조선의 무기로 조총을 앞세운 일본군을 막아 내는 것은 불가능했어요.

당파 싸움과 임진왜란

일본군은 부산을 지나 문경 새재를 넘어 거침없이 북쪽으로 올라왔어요.
선조는 신립을 장군으로 임명하고 충주로 보내 일본군을 막도록 했어요.
부하들은 문경 새재의 험한 산길을 활용하여 적을 무찌르자고 주장했어요.
그런데 신립이 이를 듣지 않고 평평한 들판에 진을 치고 일본군과 맞섰어요.
결과는 신립이 이끄는 조선군의 엄청난 패배였어요. 결국 신립은 적의
포위망을 뚫고 나가 탄금대 강가에서 스스로 목숨을 끊었답니다.

선조가 평양으로 피란을 떠났어요

순식간에 경상도와 충청도 고을 대부분이 일본군의 손에 들어갔어요. 5월 중순, 일본군은 경기도 용인과 죽산까지 밀고 올라왔어요. 선조는 부랴부랴 광해군을 세자로 임명했어요. 그리고 신하에게 한양을 맡기고 임진강을 건너 피란을 떠났어요. 화가 난 백성들은 궁궐과 높은 벼슬아치들의 집에 불을 질렀어요. 노비들도 장예원을 불태워 버렸어요. 백성들의 원망을 들으며 평양에 도착한 선조는 명나라에 구원병을 요청하는 사신을 보냈어요.

★**장예원** 노비 문서를 보관하고 노비에 관한 소송을 담당하던 관청이에요.

당파 싸움과 임진왜란

일본군이 북쪽으로 계속 밀고 올라오자 선조는 평양을 버리고 의주까지 달아났어요. 일본군이 나타났다는 소식을 듣고 한양 수비를 맡은 장수들은 대부분 후퇴할 수밖에 없었어요.

일본군은 전쟁 한 번 치르지 않고 남대문을 지나 한양으로 유유히 들어왔지요. 백성들에게 통행증을 만들어 주고 일을 시켜 필요한 물자를 얻으며 조선군에 관한 정보를 취했어요. 말을 듣지 않는 사람은 무자비하게 죽여 동대문 밖에는 조선 백성들의 시체가 산더미처럼 쌓였지요.

이순신과 조선 수군의 활약이 시작되었어요

경상 우수영의 수군이 전멸했다는 소식은 전라 좌수사 이순신의 귀에도 들어갔어요. 이순신은 조정에 편지를 보내 경상도 바닷가로 가서 일본 수군과 맞서 싸우겠다고 했어요. 이미 전쟁이 일어나기 1년 전, 이순신은 일본군의 수상한 움직임을 눈치채고 배와 무기를 수리해 두었어요. 허락이 떨어지자 군대의 배와 물고기 잡는 배까지 모두 85척을 끌어모아 경상도 바다로 갔어요. 한산도에 도착했을 때 원균이 이끄는 경상 우수영에 고작 5척의 배가 남아 있었어요. 이순신은 전투를 하기 전에 적군의 배와 군사의 수를 파악했어요.

당파 싸움과 임진왜란

이순신이 이끄는 조선 수군은 일본 수군과 옥포에서 처음 만났어요. 옥포 바닷가에 일본군의 배가 50여 척 있었고, 백성들의 집이 불타고 있었어요. 조선 수군은 일본 수군의 배를 포위하고 대포와 불화살을 쏘았어요. 뒤늦게 정신을 차린 일본 수군도 조총을 쏘아 댔으나 조선 수군의 기세를 꺾을 수는 없었지요. 불꽃 튀는 전투는 3시간 동안 벌어졌어요. 적선* 26척이 불타거나 바다에 가라앉았고 세 명의 조선 사람을 구하는 승리를 거두었어요.

★**적선** 적군의 배를 가리켜요.

전국에서 의병이 일어났어요

일본군의 공격이 계속되자 전국에서 의병이 일어났어요. 의병은 자기 고향을 지키기 위해 적과 싸운 의로운 사람들이에요. 부산으로 쳐들어온 일본군은 상주와 문경 등 경상도를 쑥대밭으로 만들고 한양에 닿았어요. 피해가 가장 큰 경상도에서 의병 활동이 가장 활발했어요.

의령의 선비 곽재우가 집안의 청년들과 의병을 일으키자 주변의 백성들이 모여들었어요. 곽재우는 붉은 옷을 입고 스스로를 '천강 홍의 장군'이라 했어요. 하늘이 내린 붉은 옷을 입은 장군이란 뜻이에요. 곽재우가 이끈 의병은 의령 정암진 나루에 진을 치고 일본군의 무기와 군량미가 낙동강으로 오가지 못하도록 방해했어요.

★**군량미** 군사들이 먹는 곡식이에요.

당파 싸움과 임진왜란

또한 곽재우의 의병은 일본군이 전라도로 가는 길목을 막았어요. 전라도는 평야가 많아 곡식이 많이 나는 지역이에요. 전라도를 빼앗긴다면 전쟁은 길어질 수밖에 없어 점점 일본군을 몰아내기 어려웠을 거예요. 다행히 곽재우와 의병의 활약으로 경상도와 전라도의 경계 지역을 굳게 지킬 수 있었어요.

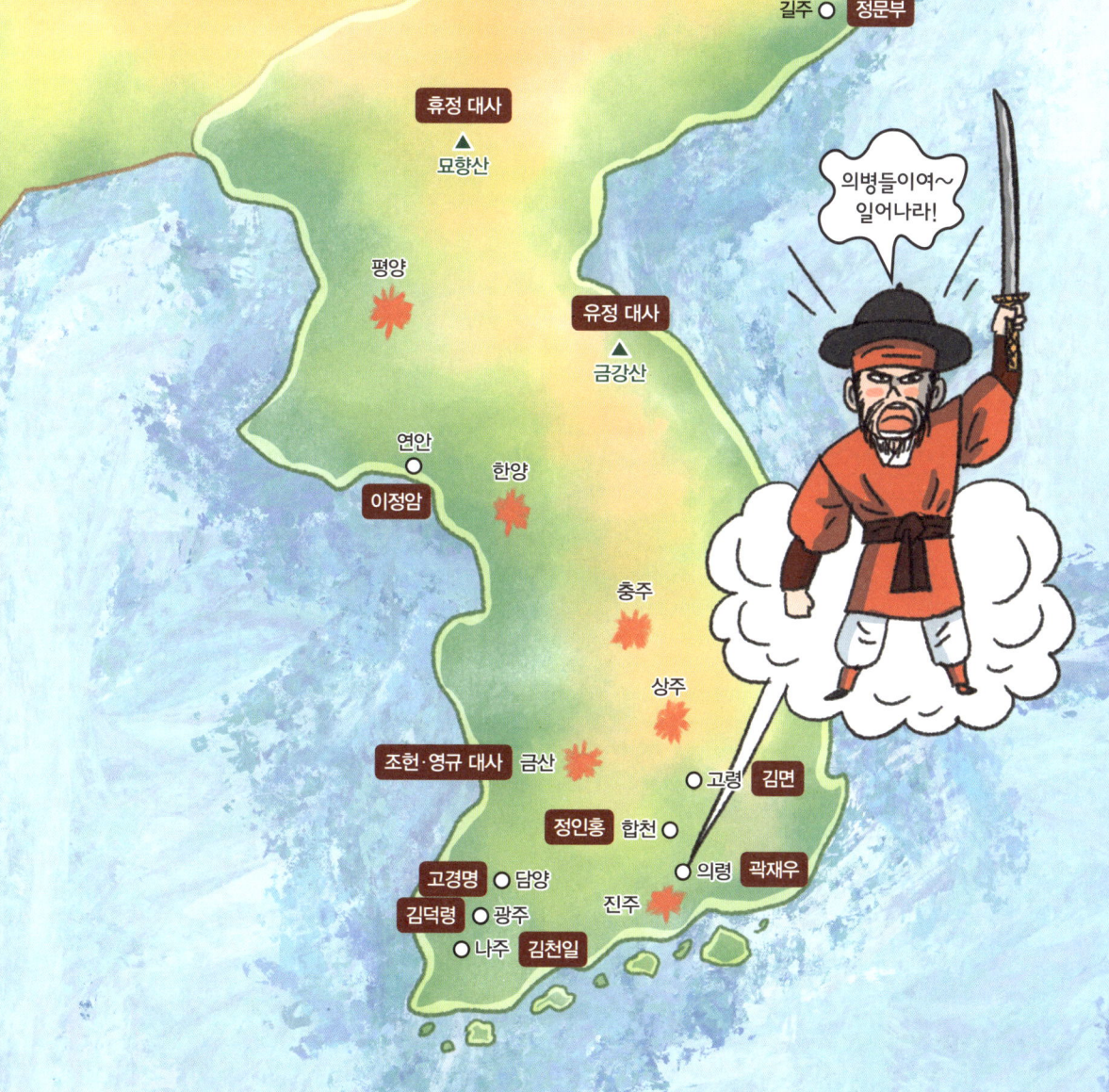

진주성에서 일본군을 물리쳤어요

일본군은 군량미를 확보하기 위해 전라도를 꼭 손에 넣어야 했어요. 그러나 육지에서는 곽재우가 이끈 의병이 길을 막았고 바다에서는 이순신과 수군의 활약으로 서해 쪽으로 나아갈 수 없었지요. 일본군은 전라도로 넘어가기 전에 경상도의 진주성을 공격했어요. 진주성은 내성과 외성으로 이루어졌고 앞으로는 남강이 흐르고 뒤로는 깊고 넓은 해자가 있었어요. 그래서 일본군은 진주성을 쉽게 손에 넣을 수 없었답니다.

★**해자** 적의 침입을 막기 위해 길게 판 연못이에요.

당파 싸움과 임진왜란

1592년 10월, 일본군은 진주성 총공격을 시작했어요. 성 밖 백성들의 집에 불을 지르고 조총과 화살을 쏘아 댔어요. 진주 목사 김시민의 지휘 아래 군사들과 백성들은 적에 맞서 힘껏 싸웠어요. 화살과 대포를 쏘고 돌을 던지며 뜨거운 물을 부어 성벽을 기어오르는 적을 막았지요. 뒤편에서는 곽재우의 의병들이 나타나 일본군을 무찔렀어요. 전투는 일주일 동안 치열하게 계속되었어요. 진주 대첩에서 김시민이 목숨을 잃었고 일본군도 물러갈 수밖에 없었어요.

행주산성에서 승리했어요

조선의 요청을 받고 한참 후에 명나라가 군대를 보냈어요. 이여송이 이끄는 명나라 군대는 1592년 12월 압록강을 건너 조선으로 들어왔어요. 이듬해 1월 명나라 군대는 대포와 불화살로 평양성을 공격했어요. 일본군도 조총으로 맞섰지만 강력한 명나라 대포 부대를 당할 수 없었지요. 일본군은 평양성을 빼앗기고 개성 남쪽까지 쫓겨 갔어요. 하지만 이여송은 대포 부대가 도착하기 전에 성급하게 적을 공격하다 경기도 벽제관에서 패하고 말았어요.

당파 싸움과 임진왜란

그 무렵 전라도 관찰사 권율은 군대를 이끌고 올라와 경기도 오산의 독산성에서 일본군과 싸웠어요. 전투가 길어지자 한강 하류로 군대를 옮겼어요. 앞으로 강이 흐르는 높은 언덕에 돌로 축대를 쌓고 통나무를 둘러 성을 만들었어요. 그리고 화차와 신기전, 비격진천뢰 등 무기를 고치고 마음을 가다듬어 전쟁 준비를 철저히 했어요.
일본군이 공격해 오자 권율은 맨 앞에 나서서 군사들의 기운을 북돋웠어요. 성안의 모든 사람이 외적에 맞서 싸웠고 여인들도 행주치마에 돌을 날랐어요. 모두가 힘을 합쳐 승리한 이 전투를 '행주 대첩'이라 부른답니다.

화해 회담과 다시 시작된 전쟁

왜군이 다시 공격해 왔어요

행주 대첩 승리 후, 일본군이 한양을 포기하고 남쪽으로 내려가자 선조는 한양으로 돌아올 수 있었어요. 일본군은 경상도에 머무르며 명나라와 전쟁을 끝내기 위한 회담을 벌였어요. 뒤로는 지난해 실패했던 진주성을 총공격하여 우리 장수들과 수많은 백성이 목숨을 잃었어요.

당파 싸움과 임진왜란

일본군은 명나라 공주를 일본 왕의 후궁으로 보낼 것, 명나라와 일본의 무역을 더 활발하게 할 것, 조선 8도 가운데 4개 도를 일본에 줄 것 등을 요구했어요. 불가능한 요구라고 생각한 명나라 사신은 도요토미 히데요시가 명나라에 선물을 바치고 싶어 하며 일본 왕으로 임명되기를 원한다고 제멋대로 보고했어요. 황제는 도요토미의 뜻을 받아들인다는 내용의 편지와 금 도장을 보냈어요. 편지를 받아 본 도요토미는 화를 내며 금 도장을 돌려보냈고, 3년간의 화해 회담은 실패로 끝났어요.
1597년 1월, 15만여 명의 일본군이 다시 조선으로 쳐들어왔어요.

이순신이 남쪽 바다를 장악했어요

화해 회담이 벌어지는 동안 조선 조정도 가만있지 않았어요. 훈련도감을 설치하여 군사들을 훈련시켰고, 화약과 대포 등 무기를 개발했어요. 일본군이 사용한 조총 기술을 배워 군사들에게 가르치기도 했지요. 또한 1593년, 이순신을 삼도 수군통제사로 임명해 조선 수군을 지휘하는 총책임자로 삼았어요. 이순신은 군사를 훈련시켰고 군량미를 마련했으며 백성들이 안전하게 생활할 수 있도록 애썼어요.

이순신을 삼도 수군통제사로 임명하노라.

끝까지 싸우겠습니다.

임명장
삼도 수군통제사
이순신

당파 싸움과 임진왜란

다시 일본군의 공격이 시작되었을 때 이순신은 원균의 모함을 받아 감옥에 갇혀 있었어요. 왕의 명령을 따르지 않고 다른 장수의 공을 가로챘다는 죄였어요. 원균이 새로운 삼도 수군통제사가 되었어요. 1597년, 일본군이 조선 수군을 경상도 바닷가 칠천량으로 꼬여 냈어요. 원균이 이끄는 조선 수군은 아무것도 모른 채 나갔다가 일본군에 속아 크게 패하고 말았지요. 그 소식을 들은 이순신은 큰 소리로 통곡했어요.

12척의 배로 일본군의 133척과 싸워 이겼어요

선조는 이순신에게 수군을 맡길 수밖에 없었어요. 남아 있는 수군은 고작 120명, 배는 12척뿐이었어요. 선조가 조선 수군을 없애려 하자 이순신은 다음과 같이 편지를 올렸어요.

"지금 저에게는 12척의 배가 남아 있습니다. 죽을힘을 다해 막아 싸운다면 충분히 맞서 볼 만합니다. 비록 수가 적더라도 제가 살아 있는 한 감히 적은 우리의 수군을 업신여기지 못할 것입니다."

그리고 이순신은 전라도 바다로 군대를 옮겼어요.

당파 싸움과 임진왜란

일본군은 얼마 안 되는 조선 수군을 휩쓸어 버리고 육지로 올라가 진격할 생각이었지요.

1597년 9월, 조선 수군은 해남과 진도 사이 명량에서 일본군과 마주쳤어요. 명량 앞바다는 소용돌이치는 물살이 울음소리 같다고 울돌목이라 불렸어요. 이순신은 앞장서서 군대를 지휘했고 적장을 죽여 일본군의 사기를 떨어뜨렸어요. 낮 12시가 되자 물살이 조선 수군에게 유리하게 바뀌었어요. 늦은 오후까지 이어진 전투에서 일본의 배 30여 척이 부서졌고 3,000명 이상의 일본군이 죽었어요. 조선 수군의 대승리였지요.

임진왜란이 끝났어요

1598년, 일본을 통일하고 조선을 침략한 도요토미 히데요시가 죽었어요. 일본군의 사기는 바닥으로 떨어졌어요. 그 틈을 타서 명나라 군대와 조선의 군사들은 경상도 울산과 사천 등지에 주둔하고 있던 일본군을 공격했어요. 그러나 명나라 장수들의 자만심과 허술한 계책으로 인해 모든 전투가 실패로 끝났어요. 심지어 허겁지겁 도망치느라 군량미와 무기를 고스란히 일본군에 넘겨준 일도 있었지요.

당파 싸움과 임진왜란

이순신은 자기 나라로 돌아가려는 일본군을 쳐부수기 위해 명나라 장수 진린과 합동 작전을 펼쳤어요. 1598년 11월, 경상도 하동과 남해도 사이에 있는 노량 앞바다로 몰려드는 수많은 일본 배를 공격했어요. 500척 가운데 일본으로 돌아간 배는 50척에 지나지 않았답니다. 안타깝게도 이순신 장군은 노량 해전에서 일본군의 총탄에 맞아 목숨을 잃었어요. 마침내 6년 7개월에 걸친 임진왜란도 막을 내리게 되었어요.

실록 놀이터

이순신과 의병의 활약으로 6년 넘게 이어진 임진왜란이 끝났어요. 하지만 안타깝게도 노량 해전에서 이순신 장군이 목숨을 잃고 말았지요. 두 그림에서 다른 부분 다섯 군데를 찾아 ○ 해 보세요.

광해군은 임진왜란 때 세자가 되었어요. 전쟁이 끝난 뒤 선조의 두 번째 왕비 인목 왕후가 영창 대군을 낳자 세자의 자리가 위태로워졌어요. 그러나 선조가 죽고 북인의 도움으로 왕위에 오를 수 있었지요. 광해군은 영창 대군을 죽이고 인목 왕후를 왕비의 자리에서 내쫓아 경운궁에 가두었어요. 그로 인해 왕위에서 쫓겨나긴 했으나, 광해군은 명나라와 새로 일어난 청나라 사이에서 어느 쪽에도 기울지 않는 중립 외교를 펼쳐 전쟁을 막았어요.

광해군의 중립 외교

세자가 된 광해군

어렵게 세자가 되었어요

정철을 비롯한 서인들이 광해군 세자 임명을 주장하다가 쫓겨난 뒤, 한동안 그 문제는 잠잠해졌어요. 신하들이 다시 세자 임명에 관해 들고나온 것은 임진왜란 때였어요. 왕이 언제 다치거나 죽을지 모르는 상황에서 후계자인 세자의 자리를 더 이상 비워 둘 수 없었지요. 선조는 1592년, 둘째 아들인 광해군을 세자로 임명했어요. 큰아들 임해군은 포악한 성격 때문에 처음부터 세자 자격이 없었고, 선조가 가장 사랑한 신성군은 죽고 없었어요.

광해군의 중립 외교

선조는 조정의 일부를 광해군에게 맡겼어요. 혹시라도 일본군에게 붙잡히게 되면 명나라로 도망칠 계획이었어요. 광해군은 신하들을 이끌고 전쟁터를 구석구석 누볐어요. 의병장들을 위로하고 백성들의 생활 터전을 돌보았어요. 일본군이 쫓겨 내려가고 한양으로 돌아온 뒤에도, 광해군은 위험을 무릅쓰고 전라도로 내려가 백성들을 안심시켰어요. 전쟁 중에 선조 대신 위험한 일을 도맡아 하며 임금의 역할을 톡톡히 한 셈이지요.

인목 왕후가 영창 대군을 낳았어요

임진왜란이 끝난 뒤 북인이 권력을 잡았어요. 홍여순이 사헌부의 우두머리인 대사헌으로 추천되었을 때 남이공이 반대한 일이 있었어요. 두 사람 다 북인이었어요. 그로 인해 북인은 대북과 소북으로 나뉘었어요. 홍여순을 따르는 이산해, 정인홍, 이이첨 등을 대북, 남이공을 따르는 유영경, 김신국 등을 소북이라 했어요.

광해군의 중립 외교

1600년, 선조의 첫 번째 왕비 의인 왕후 박씨가 죽고 2년 뒤 선조는 인목 왕후 김씨를 왕비로 삼았어요. 인목 왕후는 정명 공주와 영창 대군을 낳았어요. 선조는 늦둥이 왕자를 끔찍이 아끼고 사랑했지요. 심지어 세자를 영창 대군으로 바꾸고 싶다는 생각을 신하들에게 내비치기도 했어요. 원래 세자 자리는 왕비가 낳은 큰아들이 물려받았어요. 그런데 광해군은 후궁이 낳은 둘째 아들이에요. 영창 대군이 다 자랐을 때 선조가 세자를 바꾸는 것은 충분히 가능한 일이었어요.

광해군을 왕으로 세우다

대북이 권력을 잡았어요

시간이 흐르자 광해군을 지지하는 신하들과 영창 대군을 지지하는 신하들로 나뉘었어요. 소북과 서인, 남인은 영창 대군을 따랐어요. 왕비의 아들인 영창 대군이 자라 성인이 되면 세자를 바꾸어야 한다는 것이었지요. 대북은 세자를 바꾸면 안 된다고 주장했어요. 광해군은 선조의 아들 가운데 가장 똑똑하고 부지런했어요. 임진왜란 때 선조 대신 죽을 고생을 하며 큰 공을 세웠기에 절대로 광해군을 폐할 수 없다는 것이었어요.

광해군의 중립 외교

선조는 병에 걸려 위독해지자 광해군에게 왕위를 넘기려고 했어요. 대북의 정인홍은 찬성했고 소북의 유영경은 반대했어요. 두 사람은 서로 자기주장이 옳다고 다투었지요. 선조의 마음은 끝까지 영창 대군에게 있었어요. 그래서 유영경의 벼슬을 높이고 정인홍을 귀양 보냈어요. 광해군이 문안 인사를 와도 받지 않았고 진짜 세자가 아니라면서 무시했지요.

1608년, 선조는 유언조차 남기지 못하고 왕위에 오른 지 41년 만에 갑작스럽게 죽었어요. 광해군이 왕위에 올랐고 대북의 세상이 되었어요.

선혜청을 만들어 대동법을 실시했어요

1608년 2월, 광해군은 경운궁에서 왕위에 오르는 의식을 치렀어요. 경운궁은 오늘날 덕수궁이라고 불러요. 원래 성종의 형인 월산 대군의 집이었으나 임진왜란으로 모든 궁궐이 불타 선조 때부터 임시 궁궐로 사용했지요. 광해군은 전쟁으로 인해 엉망이 된 나라를 새롭게 바꾸려 했어요. 대북에게 큰 권력을 주긴 했지만 당파를 가리지 않고 인재를 고루 뽑아 쓰려고 노력했어요. 또한 왕실의 위엄을 살리기 위해 창덕궁을 다시 짓도록 했지요.

광해군의 중립 외교

광해군은 백성들의 어려움을 덜어 주기 위해 대동법을 실시했어요. 조선 시대 세금은 논밭에 대한 전세, 각 지역의 특산물을 내는 공납, 노동력을 나라에 제공하는 군역과 부역이 있었어요. 특히 공납은 해마다 생산량이 다르고 기준을 분명히 정할 수 없으며 중간에서 가로채는 관리들이 많아서 백성들에게 가장 큰 고통을 주었어요. 대동법은 공납을 없애고, 대신 쌀로 내도록 하는 제도예요. 대동법을 관리하던 선혜청은 백성들에게 은혜를 베푸는 곳이라는 뜻이랍니다.

동생을 죽이고 어머니를 폐하다

계축옥사가 일어났어요

광해군이 왕위에 오르고 나서 얼마 후, 서자 일곱 명이 과거 시험을 보고 관직에 나갈 수 있게 해 달라는 상소를 올렸어요. 일곱 명은 강원도 소양강 근처에 무륜당이라는 집을 짓고 친하게 어울렸어요. 함께 죽고 함께 살기로 약속했고, 스스로 강변칠우라 불렀지요. 강가에서 노니는 일곱 명의 단짝 친구라는 뜻이에요. 강변칠우는 자신들의 상소를 조정에서 받아들이지 않자 세상에 불만을 품은 사람들을 끌어모았어요. 도둑질과 강도질을 비롯한 온갖 못된 짓을 저지르며 백성들을 괴롭혔어요.

광해군의 중립 외교

1613년, 강변칠우는 문경 새재 고개에서 상인들의 재물을 빼앗다가 포도청에 붙잡혔어요. 대북파의 우두머리 이이첨이 감옥으로 강변칠우를 찾아가 김제남의 지시에 따라 영창 대군을 왕위에 앉히려고 벌인 짓이라는 거짓말을 하라고 시켰어요. 김제남은 인목 대비의 친정아버지예요. 강변칠우 가운데 한 사람이 이이첨의 말을 따라, 자신들이 반역에 필요한 자금을 모으기 위해 강도질을 한 것이라는 거짓 자백을 했지요. 강변칠우의 강도질에서 비롯되어 나중에 영창 대군을 죽게 만든 이 사건을 '계축옥사'라고 해요.

영창 대군이 강화도로 쫓겨나 죽었어요

한 사람의 거짓 자백으로 인해 강도죄가 반역죄로 바뀌었어요. 강변칠우의 나머지 사람들은 이 일이 김제남과 상관이 없고 반역죄가 아니라고 주장했어요. 지독한 고문이 계속되었고 아무도 인정하지 않자 가족들까지 잡아다 가혹하게 죄를 물었어요. 결국 나머지 사람들도 어머니와 형제들이 고문을 받다 죽는 것을 보고 마음을 바꾸었어요. 모든 일은 영창 대군을 왕으로 만들기 위해 김제남이 시킨 일이라는 거짓 자백을 하고 말았지요.

광해군의 중립 외교

대북파는 반대파인 서인을 비롯하여 소북과 남인의 신하들을 귀양 보내거나 죽였어요. 김제남도 자기 집에 갇혔다가 사약을 받았어요. 대북파의 목적은 김제남이 아니라 영창 대군이었어요. 하루빨리 영창 대군을 죽여야 한다고 광해군을 졸랐어요. 광해군은 여러 번 거절하는 척했지만 실은 영창 대군을 없애고 싶었어요. 결국 이듬해 강화 부사가 먹을 것을 주지 않고 방문과 창문을 모두 막은 뒤 뜨겁게 불을 때서 영창 대군을 죽였어요.
그때 영창 대군의 나이는 겨우 아홉 살이었어요.

인목 대비를 경운궁에 가두었어요

영창 대군을 잃고 인목 대비는 큰 슬픔에 빠졌어요. 광해군이 찾아와도 쳐다보지 않고 마음속 분노를 드러냈지요. 광해군도 아홉 살이나 어린 계모가 마땅치 않았어요. 두 사람의 틈이 벌어지자 대북파 신하들은 인목 대비의 잘못을 비판하는 상소를 올렸어요.

인목 대비가 선조의 첫 번째 왕비 의인 왕후의 능과 궁궐 곳곳에 뼈와 인형을 묻어 광해군을 저주했고, 강변칠우를 도와서 영창 대군을 왕위에 앉히려고 반역을 계획했다며 모함했지요.

광해군은 인목 대비를 경운궁에 가두었어요. 대북파는 거기서 그치지 않고 인목 대비에게 어머니의 자격이 없으므로 폐위시켜야 한다고 주장했어요. 1618년, 광해군은 신하들을 모아 놓고 인목 대비 폐위를 결정했어요. 대비라는 호칭 대신 '서궁'이라 부르게 했고 모시는 궁녀와 내관의 수를 줄였으며, 죽은 뒤 종묘에 들어갈 수 없도록 했어요.

인목 대비 폐위로 인해 광해군은 인심을 크게 잃었어요. 비록 인목 대비가 나이 어린 계모라 해도 유교 국가인 조선에서 자식이 어머니를 내쫓는 것은 있을 수 없는 일이었어요.

여진족의 성장

여진족이 후금을 세웠어요

조선이 임진왜란을 겪는 동안 북쪽에서 차근차근 힘을 키운 민족이 있어요.
바로 여진족이에요. 여진족은 압록강 건너 명나라 동북쪽에 살았어요.
삼국 시대에는 말갈족이라 불렸지요. 말갈족은 고구려의 지배를 받았고
삼국 통일 이후 고구려 백성들과 힘을 합쳐 발해를 세우기도 했어요.
1115년에 금나라를 세웠으나 몽골에 의해 멸망했어요. 여진족은 건주여진,
해서여진, 야인여진 등 수십 개의 부족으로 흩어져 있었어요. 여진족을
통일한 사람은 누르하치예요.
누르하치는 건주여진의 귀족 집안에서 태어났어요. 임진왜란 때 명나라
군대가 조선을 도우러 간 사이, 누르하치는 건주여진을 장악하고
해서여진과 야인여진을 공격하여 무너뜨렸어요.
그리고 1616년 여진족의 나라인 후금을 세웠어요.
금나라의 뒤를 이은 나라라는 뜻이지요.
누르하치는 나라의 법과 규칙을 바로 세우고 문자를 만들었어요.
중국을 통일하고 더 큰 나라를 세우기 위해 착착 준비해 나갔지요.

명나라의 요청에 강홍립을 보냈어요

후금은 더욱 거세게 명나라를 공격하여 요동 지역을 빼앗았어요. 다급해진 명나라는 조선에 도움을 요청했어요. 함께 후금으로 쳐들어가 요동을 되찾자는 것이었지요. 임진왜란 때 명나라의 도움을 받았던 조선의 입장은 매우 곤란했어요. 명나라가 지는 해라면 후금은 뜨는 해였어요. 함부로 명나라를 도왔다가 후금의 미움을 살 수도 있었지요. 광해군의 속마음과 달리 신하들 대부분은 명나라와 의리를 지켜야 한다고 주장했어요.

광해군의 중립 외교

광해군은 군대를 보낼 수도 안 보낼 수도 없었어요. 명나라의 요청은 점점 거세졌고 군대를 보내야 한다는 신하들의 주장도 만만치 않았어요. 1619년 광해군은 아끼는 신하인 강홍립을 우두머리인 도원수로, 김경서를 부원수로 임명했어요. 1만 3천여 명의 군사를 이끌고 북쪽으로 가서 명나라를 도와 후금을 공격하라는 것이었지요. 그런데 강홍립은 한동안 국경을 넘지 않고 조선 땅에 머물며 명나라와 후금의 눈치를 살폈어요.

분위기 좀 보고 국경을 넘어야겠군.

싸우지 않고 후금에 투항했어요

강홍립의 조선군은 압록강을 건너 명나라 군대와 합류했어요. 여전히 강홍립은 후금의 눈치를 요리조리 살피며 절대 앞장서지 않았어요. 식량이 부족하다는 둥, 무기를 수리해야 한다는 둥 핑계를 대며 명나라군의 뒤를 졸졸 따라다녔지요. 그리고 후금의 장수에게 몰래 사람을 보내 조선군은 명나라의 요청에 따랐을 뿐 후금과 전쟁할 생각이 없다고 알렸어요.

광해군의 중립 외교

명나라와 후금의 전투가 벌어지자 강홍립은 싸우는 체하다가 무기를 버리고 후금의 군대에 항복했어요. 강홍립은 누르하치에게 조선은 후금과 싸울 생각이 없다는 것을 분명히 밝혔어요. 그 소식을 듣고 평안 감사 박엽은 강홍립의 가족을 감옥에 가두었어요. 신하들도 적에게 항복한 강홍립의 죄를 물어야 한다고 주장했지요. 그러나 광해군은 강홍립의 가족을 한양으로 불러올려 편안히 살 수 있게 해 주었어요. 사실 강홍립이 후금에 항복한 것은 광해군의 뜻이었어요. 광해군은 명나라에 의리를 지키면서 후금과는 사이좋게 지내는 중립 외교 정책을 펼쳤던 것이었지요.

잘못된 반정

백성들의 불만이 쌓였어요

광해군은 임진왜란 때 불타 버린 창덕궁뿐 아니라 경덕궁과 인경궁이라는 궁궐도 새로 지었어요. 궁궐은 왕의 힘을 상징해요. 광해군은 여기저기 궁궐을 지어 조선의 최고 권력자가 왕이라는 사실을 세상 사람들에게 보여 주고 싶었어요. 궁궐을 짓기 위해 필요한 것은 백성들의 세금과 노동력이었어요. 농사지을 시간도 부족한데 시도 때도 없이 궁궐 공사에 불러 일을 시키자 백성들의 원망이 점점 커졌어요.

광해군의 중립 외교

광해군의 반대 세력인 서인들은 왕을 몰아낼 기회가 왔다고 생각했어요. 우선 왕을 내쫓기 위해서는 정당한 이유가 필요했어요. 작은 나라가 큰 나라에 의지하는 것을 당연하게 여긴 서인들은 광해군이 명나라를 배신하고 후금과 손잡은 일, 어머니 인목 대비를 내쫓고 영창 대군을 죽게 한 일 등을 이유로 내세웠어요. 새로운 왕은 선조와 인빈 김씨 사이에 태어난 정원군의 큰아들 능양군으로 정했어요.

능양군이 반정을 일으켰어요

광해군을 내쫓기 위해 함경도 병마절도사 이괄과 황해도 평산 부사 이귀가 군사를 움직였어요. 두 사람과 서인들은 능양군에게 미리 연락하여 반정을 모의했어요. 1623년, 서대문 밖 홍제원에 모여 군대를 점검하고 다음 날 새벽 창덕궁으로 쳐들어가기로 했지요. 그런데 반정 계획이 새어 나갔다는 소식을 듣고 할 수 없이 다음 날로 미루지 않고 바로 군사들과 창덕궁을 향해 떠나기로 했어요.

★**홍제원** 중국 사신들이 임시로 묵던 곳이에요.

반정이다. 광해군을 잡아라!

광해군의 중립 외교

반정군의 총대장은 이괄이 맡았어요. 이괄과 반정군은 창의문을 통해 한양으로 들어갔어요. 군사들은 싸울 생각조차 못 하고 문을 열어 주었어요. 궁궐 밖을 지키던 훈련대장도 이미 능양군 편이었어요. 반정군은 거침없이 창덕궁 안으로 들어갔어요. 뒤늦게 반정 소식을 들은 광해군은 궁궐을 빠져나갔어요. 하지만 얼마 못 가 붙잡혀 제주도로 귀양 가서 삶을 마쳤어요.

실록 배움터

광해군과 연산군은 어떻게 다를까?

광해군은 연산군 이후 왕위에서 쫓겨난 두 번째 임금이에요. 두 번의 반정은 왕도 잘못하면 쫓겨날 수 있다는 성리학의 가르침을 보여 주는 사건이랍니다. 성리학은 나라의 근본은 백성이고 왕이 도덕적으로 백성을 다스려야 한다고 가르쳤어요. 그러나 광해군을 연산군과 똑같은 폭군이라고 하기에는 억울한 면이 있어요.

연산군은 간신들에게 정치를 맡기고 온갖 나쁜 짓을 일삼았어요. 그에 비해 광해군은 임진왜란 이후 백성의 삶을 안정시키려고 노력했어요. 세금의 고통을 줄이기 위해 대동법을 실시하고 조선 최고의 의학 서적인 허준의 〈동의보감〉을 완성하게 했지요. 또한 광해군은 왕위를 지키려면 인목 대비를 폐위하고 영창 대군을 죽일 수밖에 없었어요. 조정 안에 영창 대군을 지지하는 신하들이 많았기 때문이에요. 중립 외교 정책은 명나라를 배신한 것이 아니라 전쟁을 피하기 위한 선택이었어요. 따라서 반정은 호시탐탐 권력을 차지하려던 세력의 승리이고, 광해군은 당파 싸움의 희생자로 볼 수도 있답니다.

광해군이 쫓겨난 뒤 서인들이 권력을 잡았어요. 서인들은 강경한 성리학자들이었고 조선의 눈이 아니라 명나라 중심으로 세상을 보았지요. 서인들에게 광해군의 중립 정책은 명나라를 배신하는 일이었어요. 왕이 된 능양군은 서인들의 뜻을 따라 명나라와 가깝게 지내며 모든 요구를 들어주었어요. 후금을 오랑캐라 거부하고 철저히 무시했지요. 1636년, 후금은 조선을 침략했고 한반도는 다시 전쟁터로 변했어요. 임진왜란의 상처를 채 극복하지 못한 상황에서 조선은 힘없이 무너질 수밖에 없었답니다.

병자호란과 북벌 정책

한양을 빼앗긴 인조

능양군이 왕이 되었어요

반정에 성공한 능양군은 1623년, 왕위에 올랐어요. 바로 조선의 제16대 임금 인조예요. 인조에게는 능원군과 능창군이라는 동생이 있었어요. 특히 능창군은 어렸을 때부터 똑똑하다는 소리를 자주 들었어요. 광해군은 왕위를 위협하는 영창 대군을 내쫓아 죽인 뒤 함께 반역을 꾸몄다는 죄로 능창군도 강화도로 귀양 보냈어요. 사랑하는 동생을 잃고 나서 능양군은 복수를 결심했고 반정을 일으켜 광해군을 내쫓고 왕이 되었지요.

병자호란과 북벌 정책

인조는 반정에 참여한 신하 33명을 세 등급으로 나누어 공신으로 임명했어요. 공신들에게는 상으로 높은 벼슬과 땅이 내려졌지요. 그리고 광해군 때 쫓겨난 신하들을 다시 조정으로 불러들였어요. 대북파가 쫓겨난 자리를 서인과 남인, 소북파가 차지했어요. 또한 인조는 백성들의 마음을 달래기 위해 광해군이 세우려 했던 엄청난 궁궐 공사를 중지시켰답니다.

이괄이 불만을 품었어요

인조반정에 누구보다 열심히 앞장섰지만 무신인 이괄은 2등 공신이 되었어요. 1등 공신은 이귀, 김류, 김자점 등 문신들이었지요. 문신이라는 이유로 자신보다 공이 적은 사람들이 더 높은 대접을 받자 이괄의 마음속에 불만이 싹텄어요. 특히 김류는 반정을 일으키던 날 늑장을 부리다 한참 뒤에 나타났어요. 이괄은 김류를 공신으로 인정할 수 없었고, 두 사람 사이는 점점 벌어지게 되었지요.

병자호란과 북벌 정책

인조는 후금의 침략에 대비하기 위해 장만을 도원수로, 이괄을 부원수 겸 평안도 병사로 임명했어요. 이괄은 뛰어난 무관으로 실력을 인정받아 함경도 병마절도사를 지낸 적이 있어요. 북쪽 국경을 지키고 후금의 움직임을 살피기에 적합한 인물이었지요. 평안도로 간 이괄은 만여 명의 군사들을 훈련시키고 무너진 성곽을 수리했어요. 후금의 움직임을 꼼꼼하게 살펴 조정에 보고하는 일도 게을리하지 않았어요.

반란군에게 한양을 빼앗겼어요

1624년, 몇몇 신하들이 이괄이 아들과 함께 반란을 일으키려 한다는 상소를 올렸어요. 사실이 아니라고 밝혀졌으나 신하들은 계속 조사해야 한다고 주장했지요. 인조는 사실을 파악하려고 의금부★ 도사를 평안도로 보냈어요. 이괄은 아들이 모진 고문을 당하다 거짓으로 자백하면 자신도 무사하지 못할 것이라고 생각했어요. 그래서 왕의 명령을 전하러 온 의금부 도사를 죽이고 진짜 반란을 일으켰어요.

★**의금부** 나라의 중요한 죄인을 다스리던 기관이에요.

병자호란과 북벌 정책

이괄이 거느린 1만 군사는 도원수 장만이 지키는 평양을 피해 거침없이 남쪽으로 내려왔어요. 반란군이 경기도 고양에 이르자 인조는 한강을 건너 충청도 공주까지 피란을 떠났어요. 한양을 점령한 이괄은 선조의 열째 아들 흥안군을 왕으로 내세웠어요. 그러나 장만이 이끌고 내려온 군대와 서대문 밖 안산 고개에서 싸우다 패하여 경기도 광주로 도망쳤어요. 이괄은 부하들의 손에 목숨을 잃었고, 반란은 한 달도 채 못 되어 끝나고 말았지요.

30년 만에 또 터진 전쟁

정묘호란이 일어났어요

인조는 왕이 되자마자 후금과 관계를 끊었어요. 명나라를 받들고 후금을 멀리하는 서인들의 주장을 따른 것이었지요. 인조를 비롯한 신하들은 누르하치를 작은 도둑이라 일컬으며 후금의 막강한 힘을 인정하지 않았고, 후금과의 싸움에서 진 명나라 장수들을 보호해 주기도 했어요.
한편 인조는 후금의 침략에 대비하여 한양과 경기도를 방어하기 위해 새로운 군대 조직인 총융청을 설치했어요. 그러나 전쟁 무기와 군사들의 식량이 준비되지 않아 큰 어려움을 겪었지요.

병자호란과 북벌 정책

　누르하치가 죽고 여덟째 아들 홍타이지가 후금의 태종이 되었어요.

　1627년, 태종은 조선을 공격하라는 명령을 내렸어요. 후금의 군대는 압록강을 건너 군대를 셋으로 나누어 밀고 내려왔어요. 후금은 조선을 침략한 까닭을 다음과 같이 밝혔어요.

　"첫째, 조선은 명나라를 도와 후금을 공격했다. 둘째, 후금과 싸우다 조선으로 달아난 명나라 장수를 보호했다. 셋째, 누르하치의 장례식과 홍타이지의 즉위식에 사신을 보내지 않았다."

인조가 강화도로 달아났어요

후금 군대가 출발한 지 며칠이 지나고 나서야 조정에 전쟁 보고가 올라왔어요. 조선 군대는 후금 군대를 상대하기에 형편없이 약했어요. 하루 만에 화살과 화약이 바닥났고, 평안도 의주성을 방어하던 장수 이완은 제대로 싸워 보지도 못하고 죽었어요. 인조는 회의를 열어 병조 판서 장만에게 총지휘를 맡겼어요. 장만의 군대가 황해도에서 후금 군대를 막는 동안 충청도와 전라도, 경상도에 의병을 모집하도록 했지요.

병자호란과 북벌 정책

임진왜란 때 선조가 그랬듯이, 인조도 조정을 둘로 나누어 일부를 소현 세자에게 맡겼어요. 소현 세자는 전주로 내려가 의병을 모으고 백성들을 보살폈어요. 인조는 신하들에게 한양을 지키도록 명령하고 강화도로 피신했어요. 그사이 또다시 전국에서 의병이 일어났어요. 의병들이 동시에 여러 곳에서 공격하자 후금의 기세가 수그러들었어요. 후금 군대는 더 내려오지 못하고 황해도 평산에 머무르며 조선에 화해를 제의했어요.

후금과 조선은 형제의 나라가 되었어요

후금의 화해 조건은 압록강 남쪽 땅 일부를 넘길 것, 명나라 장수를 잡아 보낼 것, 명나라와의 전쟁에서 후금을 도울 것 등이었어요. 조선의 신하들은 화해 문제를 놓고 서로 치열하게 다투었어요. 후금과 화해하자는 신하들을 주화파, 반대하며 끝까지 싸우자는 신하들을 척화파라고 해요. 척화파의 목소리가 더 컸지만, 조선 군대로 후금 군대를 막아 낼 수 없었기에 화해 요구를 받아들이기로 했어요. 조선과 후금은 강화도에서 회담을 했어요. 화해 조건은 다음과 같았어요.

병자호란과 북벌 정책

"첫째, 두 나라는 형제의 나라가 된다. 둘째, 임금의 동생을 인질로 보낸다. 셋째, 명나라와 관계를 유지하되 후금을 적대하지 않는다. 넷째, 면포와 비단 등 각종 옷감을 후금에 선물로 보낸다."

비록 조선과 후금은 화해를 했지만 전쟁의 불씨는 꺼지지 않았어요. 조선 조정은 미개한 여진족이 세운 후금을 형으로 모시는 것을 참을 수 없었어요. 후금도 만족스럽지 않기는 마찬가지였어요. 다만 명나라를 무너뜨리기 위해 조선과의 싸움을 멈추었을 뿐이에요.

삼전도의 눈물

후금이 무리한 요구를 했어요

정묘호란 이후 조선과 후금의 관계는 순조롭지 못했어요. 후금은 조선에 군사들이 먹을 양식을 보내 달라는 무리한 요구를 거듭했고, 후금의 군사들이 국경을 넘어와서 조선 백성들을 괴롭히기도 했지요. 후금은 몇 배나 많은 선물을 요구했고, 형제 관계를 군신 관계로 바꾸자는 통보를 해 왔어요. 조선에게 후금을 명나라처럼 떠받들고 섬기라는 뜻이었지요.

★**군신 관계** 임금과 신하의 관계를 뜻해요.

병자호란과 북벌 정책

인조와 신하들은 후금의 요구를 받아들일 수 없었어요. 후금과 한바탕 전쟁을 벌이자는 주장이 강하게 일어났지요. 1636년 2월, 후금의 장수 용골대가 사신으로 왔어요. 조선이 후금의 태종이 보낸 편지를 거부하자 용골대는 자기 나라로 말 머리를 돌렸어요. 그때 인조가 평안도 관찰사에게 보낸 명령서가 용골대의 손에 들어갔어요. 침략에 대비해 군사들을 훈련시키고 국방을 강화하라는 글이었지요. 후금과 싸우겠다는 조선의 의도가 담겨 있었어요. 용골대는 후금으로 돌아가 태종에게 글을 전달했어요.

조선이 감히?

고급 정보입니다.

병자호란이 일어났어요

글을 본 태종은 화가 나서 펄쩍 뛰었어요. 1636년 4월, 후금의 태종은 나라 이름을 청으로 바꾸었어요. 그리고 청나라를 황제의 나라라고 온 세상에 선포했어요. 청 태종은 인사하러 온 조선의 사신에게 왕자를 보내 죄를 빌지 않으면 조선에 대군을 보내겠다고 엄포를 놓았어요. 조선의 왕자를 인질로 삼으려는 속셈이었지요. 또한 척화파 신하들을 청나라로 보내라고 했으나 인조는 들은 체하지 않았어요.

병자호란과 북벌 정책

청 태종은 12월에 12만 대군을 이끌고 압록강을 건너 다시 조선으로 쳐들어왔어요. 청나라 군대는 임경업 장군이 지키는 의주의 백마산성을 그대로 지나 남쪽으로 내려왔어요. 임경업은 청나라까지 소문난 용맹한 장수였어요. 인조에게 군사권을 받은 김자점이 황해도 봉산과 황주에서 청나라 군대와 맞섰으나 제대로 싸워 보지도 못하고 도망치느라 바빴어요. 그러는 사이 청나라 군대는 한양의 코앞인 개성에 이르렀어요.

인조가 남한산성으로 들어가 숨었어요

청나라 군대가 엄청난 속도로 밀고 내려오자 조선 조정은 당황하여 어쩔 줄 몰랐어요. 인조는 신하에게 종묘의 위패를 모시고 세자빈, 왕자들과 함께 강화도로 떠나라고 했어요. 위패는 조상의 혼령이 실렸다고 믿는 소중한 물건이에요. 그사이 청나라 군대는 지금의 불광동인 연서역에 이르렀어요. 날이 저물기를 기다려 인조가 남대문으로 나왔을 때, 이미 강화도로 가는 모든 길목은 청나라 군대에 의해 막히고 말았지요.

병자호란과 북벌 정책

말이 말을 안 듣네.

말이 안 움직여요.

주화파 최명길이 청나라 군대를 찾아가 회담을 하는 사이, 인조는 세자와 신하들을 이끌고 시체가 드나드는 광희문을 통해 남한산성으로 달아났어요. 수많은 백성이 한강 뚝섬나루를 건너 인조의 뒤를 따라갔어요. 다음 날 새벽, 인조는 안전한 강화도로 떠나려고 남한산성에서 나왔어요. 그러나 눈보라가 거세게 몰아치고 길이 꽁꽁 얼어붙어 말이 꼼짝도 하지 않았어요. 인조는 다시 성안으로 들어갈 수밖에 없었지요.

신하들이 척화파와 주화파로 나뉘어 싸웠어요

청 태종은 부하인 용골대와 마부대에게 남한산성을 맡겼고, 도르곤에게는 강화도를 점령하라고 명령을 내렸어요. 인조를 비롯한 신하와 백성들은 완전히 포위되었고, 성안에는 겨우 한 달 정도 버틸 식량밖에 남지 않았어요. 성 밖에서 작은 전투가 몇 번 벌어졌으나 번번이 패했어요. 게다가 장수들끼리 서로 책임을 떠넘기자 군사들의 사기가 완전히 꺾였어요. 청 태종은 조선 조정에 항복하라는 편지를 보냈어요.

병자호란과 북벌 정책

신하들은 전쟁을 계속하자는 척화파와 화해하자는 주화파로 나뉘었어요.
"명나라는 부모의 나라이고, 청나라는 부모를 없애려 한 원수의 나라입니다. 원수의 힘을 두려워하여 임금에게 항복을 강요하는 것은 신하의 도리가 아닙니다."
척화파들이 인조에게 피 끓는 상소를 올렸으나 항복하는 것밖에 다른 방법이 없었어요. 인조는 주화파 최명길을 시켜서 청 태종에게 항복하는 글을 짓게 했어요.
그러자 신하들은 조선을 낮추고 청나라에 아첨한 글을 쓴 최명길을 죽여야 한다고 부르짖었어요.

인조가 삼전도에서 무릎을 꿇었어요

도르곤은 청나라 군대를 이끌고 강화도로 건너갔어요. 조선 수군이 맞서자 청나라 군대는 홍이포로 물리쳤어요. 홍이포는 커다란 포탄이 수십 리를 날아가 성을 무너뜨릴 만큼 성능이 뛰어난 서양식 대포예요. 청나라 군대가 섬으로 들어서자 조선의 장수와 군사들은 뿔뿔이 도망쳐 버렸어요. 결국 강화도로 달아났던 봉림 대군과 세자빈 등 조선 왕족과 신하들은 청나라 군대의 손에 사로잡히는 신세가 되었지요.

병자호란과 북벌 정책

조선의 신하들이 남한산성에서 다투는 사이에도 청나라 군대의 공격은 계속되었어요. 청나라군이 홍이포를 쏘아 성곽을 세 군데나 무너뜨렸어요. 인조는 더 이상 버틸 수 없다는 것을 깨달았지요.

1637년 1월 30일, 인조는 남한산성에서 나와 삼전도까지 갔어요. 청 태종이 앉아 있는 높은 단 아래 이르러 무릎을 꿇었어요. 인조는 청 태종에게 세 번 절하고 아홉 번 머리를 조아리는 삼배구고두의 예를 갖추었어요.

★**삼전도** 조선 시대에 한양과 남한산성을 이어 주던 나루예요.

조선 사람들이 청나라로 잡혀갔어요

청 태종은 승리를 기념하는 잔치에서 인조를 청나라의 왕자와 똑같이 대접했어요. 또한 인조에게 백마와 가죽옷을 선물로 주었어요. 인조는 청 태종에게 왕의 도장인 옥새를 바쳤어요. 명나라와 관계를 끊고 청나라를 임금의 나라로 섬기겠다는 뜻이지요. 그날 저녁 늦게 인조는 남한산성으로 숨은 지 46일 만에 다시 한양으로 돌아왔어요. 길가에 수많은 백성이 나와 나라를 혼란에 빠뜨린 왕과 신하들을 비웃고 원망했어요.

병자호란과 북벌 정책

청 태종은 청나라로 돌아가면서 소현 세자 내외와 봉림 대군 부부 등 여러 왕족들을 인질로 데리고 갔어요. 인조는 경기도 창릉까지 나가 이들을 배웅했어요. 또한 청나라에 끝까지 저항한 척화파 신하들도 청나라 심양으로 붙잡혀 갔어요. 소현 세자 일행은 청나라 관리들의 도움을 받으며 지냈어요. 얼마 뒤 청 태종은 조선과 청나라의 화해를 기리기 위해 삼전도에 비석을 세우도록 했지요.

안타까운 소현 세자

소현 세자가 돌아왔어요

소현 세자는 청나라로 끌려간 지 8년 만에 조선으로 돌아왔어요. 청나라를 원수의 나라로 생각한 봉림 대군과 달리 소현 세자는 심양과 북경에서 청나라의 인재들과 교류했고 서양의 문물을 적극적으로 받아들였어요. 함께 끌려간 조선 포로들을 구하기 위해 농사일과 장사에 앞장섰고, 청나라 조정과 사이좋게 지내려고 노력했지요. 자연스럽게 청나라 황제와 관리들도 인조보다 소현 세자를 더 신뢰하게 되었어요. 조선과 관련된 중요한 일을 인조에게 알리지 않고 소현 세자와 상의하여 처리하기도 했어요.

병자호란과 북벌 정책

인조와 신하들은 청나라와 가깝게 지내는 소현 세자의 행동을 달갑게 여기지 않았어요. 인조는 신하들이 소현 세자에게 귀국 인사조차 못 하도록 했어요. 그 무렵 인조의 후궁 조귀인은 김자점과 짜고 소현 세자를 모함했어요. 청나라를 등에 업은 소현 세자가 인조를 내쫓고 왕이 되려 한다는 헛소문을 퍼뜨리기도 했지요. 사돈 관계인 두 사람은 조귀인의 아들을 세자로 만들려는 속셈으로 한통속이 되었어요. 인조와 소현 세자의 관계는 돌이킬 수 없을 만큼 악화되었답니다.

세자빈과 손자들마저 죽였어요

1645년, 소현 세자가 갑작스럽게 죽었어요. 청나라에서 돌아온 지 두 달 만이었어요. 열병으로 병석에 누웠다가 며칠 만에 갑자기 죽어 버린 거예요. 얼굴을 알아볼 수 없을 만큼 꺼멓게 변했고, 온몸의 구멍마다 피가 흘러나왔어요. 무슨 까닭인지 인조는 소현 세자를 치료한 의원을 조사하지 못하게 막았어요. 장례식도 세자의 격식에 맞지 않게 얼렁뚱땅 서둘러서 치렀지요. 많은 사람이 소현 세자가 인조에 의해 독살당했다고 생각했어요.

병자호란과 북벌 정책

소현 세자는 석철, 석린, 석견 세 명의 아들을 두었어요. 당연히 다음 왕위는 큰아들이 이어받아야 했지요. 하지만 인조는 손자 대신 자신의 둘째 아들 봉림 대군을 세자로 삼았어요. 그리고 소현 세자의 아내 강빈에게 임금을 독살하려 했다는 죄를 씌워 사약을 내렸어요. 인조는 소현 세자의 어린 세 아들마저 제주도로 귀양 보냈어요. 석철과 석린은 1년 만에 병에 걸려 죽었고, 석견만 겨우 살아남았어요.

북벌의 뜻을 이루지 못한 효종

김자점이 청나라에 효종을 고발했어요

1649년, 인조가 죽고 봉림 대군이 왕위에 올랐어요. 조선의 제17대 임금 효종이에요. 효종은 김자점과 같이 청나라와 가까운 신하들을 조정에서 내쫓았어요. 그 자리를 채운 것은 김상헌과 송시열 등 척화파들이었지요. 불만을 품은 김자점은 청나라에 편지를 보냈어요. 새 임금이 인조의 충신들을 몰아낸 뒤 청나라를 공격하려고 준비 중이라는 내용이었지요. 청나라는 군대를 조선 국경으로 보내 위협하는 한편, 사실을 파악하기 위해 사신을 보냈어요. 다행히 사건은 무사히 해결되었어요.

병자호란과 북벌 정책

"씨를 없애야 합니다."

"귀양이면 충분하다."

효종은 김자점을 멀리 전라도 광양으로 귀양 보냈어요. 김자점은 조귀인과 연락을 주고받으며 반역을 모의했어요. 효종을 끌어내린 뒤 조귀인의 아들 숭선군을 왕으로 세우려고 했지요. 그러나 얼마 못 가서 들통나고 말았어요. 김자점 일당은 사형을 당했고 조귀인도 목숨을 잃었어요. 신하들은 조귀인의 두 아들 숭선군과 낙선군마저 없애라고 효종에게 거듭 상소를 올렸어요. 그러나 효종은 두 왕자를 강화도에 귀양 보내는 것으로 사건을 마무리했답니다.

"살아서 다행이야."

강화도

효종은 북벌을 부르짖었어요

효종은 왕이 되자마자 북벌의 뜻을 분명히 했어요. 북벌이란 북쪽에 있는 청나라를 정벌한다는 말이에요. 인질이 되어 끌려갔을 때 소현 세자의 관심이 온통 청나라의 발전된 문물에 쏠렸다면, 효종의 마음속은 병자호란 때 조선을 침략하여 쑥대밭으로 만들고 아버지 인조에게 삼전도의 굴욕을 안겨 준 청나라에 대한 복수심으로 불타올랐어요. 척화파 신하들도 효종의 다짐을 적극적으로 지지했지요.

병자호란과 북벌 정책

효종은 학문보다 무예에 뛰어난 왕이었어요. 전쟁의 의지를 키우는 한편 조선의 군사력을 강화하기 위해 온 힘을 기울였지요. 군사 훈련에 능한 무인들을 중요한 관직에 앉혔어요. 임진왜란 때 만든 군대인 훈련도감과 임금을 지키는 어영청을 북벌의 중심 부대로 삼아 군사의 수를 늘리고 무기의 질을 높였어요. 남한산성과 북한산성 수비를 더욱 철저하게 지시하고 지방 군대인 속오군의 훈련도 강화했지요.

나선을 두 번 무찔렀어요

흑룡강은 청나라와 나선의 국경을 흐르는 긴 강이에요. 자원이 풍부하고 야생 동물이 많이 사는 곳이었지요. 청나라와 나선의 백성들은 광물을 캐거나 호랑이 사냥을 하다가 서로의 영역을 자주 침범했어요. 백성들 사이의 다툼이 점점 커지더니 어느새 나라 사이의 분쟁으로 바뀌었어요. 청나라 군대는 전투에서 번번이 패했는데, 그것은 바로 나선 군사들이 가진 총 때문이었지요.

★**나선** 오늘날의 러시아를 가리켜요.

병자호란과 북벌 정책

청나라는 조선에 조총 부대를 보내 달라고 요청했어요. 임진왜란 이후 조선은 총 만드는 기술을 터득하고 있었거든요. 1654년과 1658년, 두 번에 걸쳐 효종은 조총 군사를 청나라에 보내 주었고 모두 승리했어요. 그 사건을 '나선 정벌'이라 한답니다. 그로 인해 조선 군대의 사기는 한층 높아졌으나 효종은 북벌의 꿈을 이룰 수 없었어요. 두 번째 나선 정벌 이듬해 효종이 급작스럽게 죽었기 때문이에요. 또한 날이 갈수록 청나라는 강력해졌고 다시 전쟁을 일으키기에는 조선 백성들의 삶이 너무 힘들었어요.

실록 배움터

소현 세자는 청나라에서 무엇을 가져왔을까?

소현 세자는 조선으로 돌아오기 두 달 전부터 북경에 머물렀어요. 당시 북경 시내에서는 아랍인들은 물론 더 멀리 유럽인들도 볼 수 있었어요. 소현 세자는 호기심이 풍부하고 편견이 없는 성격이었어요. 소현 세자의 숙소 근처에는 천주교당이 있었는데 그곳의 선교사인 아담 샬과 매우 친해졌어요. 아담 샬은 독일인으로, 명나라 때 중국에 건너왔어요. 청나라가 들어선 후에도 학자들은 물론이고 황제에게 큰 신임을 받고 있었지요.

소현 세자는 아담 샬에게 수학과 천문학을 배웠고 천주교에 관한 이야기를 들었어요. 조선으로 들어올 때 선물로 받은 서양 기술 책과 지구의, 천주상 등을 가지고 왔어요. 인조와 척화파 신하들의 눈에 소현 세자가 곱게 보일 리 없었지요. 소현 세자의 갑작스러운 죽음은 청나라에서 가져온 책과 물건들 때문인지도 몰라요. 만약 열린 눈으로 세계를 바라본 소현 세자가 왕이 되었다면 조선의 운명이 어떻게 되었을지 궁금하지 않나요?

실록 놀이터

조선 중기에는 임진왜란과 병자호란이라는 전쟁을 겪으며 나라가 큰 위기에 빠졌어요. 아래 그림을 보고 사건들이 일어난 순서대로 번호를 써 보세요.

소현 세자는 청나라 사람들과 교류하고 서양 문물을 적극적으로 받아들였어요.

인조는 광해군이 세우려 한 궁궐 공사를 중지시켰어요.

인조가 삼전도에서 청 태종에게 무릎을 꿇었어요.

광해군은 명나라에 의리를 지키고 후금과 사이좋게 지내는 중립 외교를 펼쳤어요.

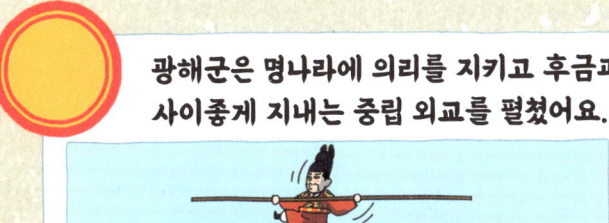

효종은 북쪽의 청나라를 무찌르는 북벌 정책을 폈어요.

청 태종은 1636년에 대군을 이끌고 조선으로 쳐들어왔어요.

정답

▼ 36~37쪽

▼ 74~75쪽

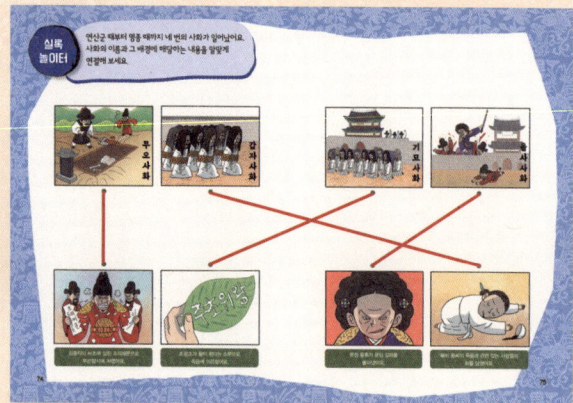

▼ 114~115쪽

▼ 182~183쪽

〈그림으로 보는 조선왕조실록〉 시리즈는 전 5권입니다.

1권 새 나라 조선
2권 빛나는 조선의 문화
3권 개혁과 혼란의 시대
4권 새로운 조선을 꿈꾸다
5권 세도 정치로 무너지다

〈그림으로 보는 한국사〉와 함께 읽어요!

사건
로 태어남.
위에 오름.

덤.
항복함.
현 세자가 죽음.
주고 죽음.

사건
어남.
라에 볼모로 감.

을 준비함.

하고 죽음.

개혁과

조선 왕조 500년

- 제1대 태조 1392~1398
- 제2대 정종 1398~1400
- 제3대 태종 1400~1418
- 제4대 세종 1418~1450
- 제5대 문종 1450~1452
- 제6대 단종 1452~1455
- 제7대 세조 1455~1468
- 제8대 예종 1468~1469
- 덕종(추존)*
- 제9대 성종 1469~1494
- 제10대 연산군 1494~1506
- 제11대 중종 1506~1544
- 제12대 인종 1544~1545
- 제13대 명종 1545~1567
- 덕흥 대원군
- 제14대 선조 1567~1608
- 제15대 광해군 1608~1623
- 원종(추존)
- 제16대 인조 1623~1649
- 제17대 효종 1649~1659
- 제18대 현종 1659~1674
- 제19대 숙종 1674~1720
- 제20대 경종 1720~1724
- 제21대 영조 1724~1776
- 장조(추존)
- 제22대 정조 1776~1800
- 제23대 순조 1800~1834
- 익종(추존)
- 제24대 헌종 1834~1849
- 은언군
- 전계 대원군
- 제25대 철종 1849~1863
- 은신군
- 남연군
- 흥선 대원군
- 제26대 고종 1863~1907
- 제27대 순종 1907~1910

***추존** 왕위에 오르지 못하고 죽은 사람에게 임금의 칭호를 주는 걸 말함.

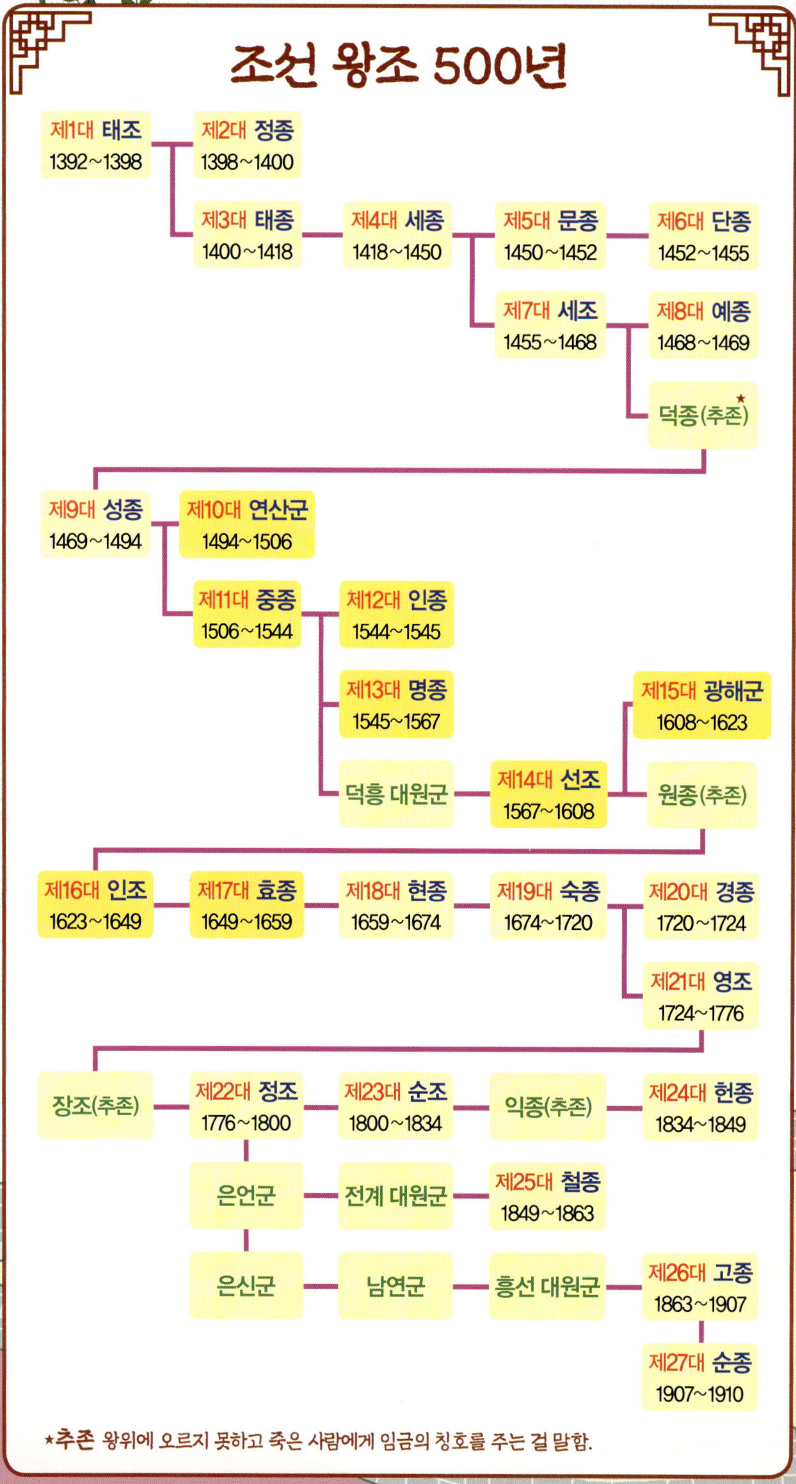

제10대 연산군

연도	나이	
1476년	1세	성종
1483년	8세	세자
1494년	19세	왕위
1498년	23세	무오
1504년	29세	갑자
1505년	30세	성균 백성
1506년	31세	왕위 강화

제11대 중종

연도	나이	
1488년	1세	성종
1506년	19세	연산
1510년	23세	삼포 왜구
1515년	28세	조광
1519년	32세	인재 기묘
1544년	57세	인종

혼란의 시대

제12대 인종

연도	나이	사건
1515년	1세	중종의 맏아들로 태어남.
1544년	30세	왕위에 오름.
1545년	31세	경원 대군에게 왕위를 물려주고 죽음.

제13대 명종

연도	나이	사건
1534년	1세	중종의 둘째 아들로 태어남.
1539년	6세	경원 대군에 봉해짐.
1545년	12세	왕위에 오름. 문정 왕후가 수렴청정을 함. 을사사화가 일어남.
1555년	22세	을묘왜변이 일어남.
1567년	34세	왕위 후계자를 정하지 못하고 죽음.

제14대 선조

연도	나이	사건
1552년	1세	덕흥 대원군의 셋째 아들로 태어남.
1567년	16세	왕위에 오름.
1575년	24세	사림이 동인과 서인으로 나뉨.
1589년	38세	정여립이 난을 일으킴.
1590년	39세	황윤길과 김성일을 일본으로 보냄.
1592년	41세	임진왜란이 일어남. 평양으로 피란을 떠남. 전국에서 곽재우 등 의병이 일어남. 이순신이 한산도에서 승리를 거둠.
1597년	46세	정유재란이 일어남.
1598년	47세	이순신의 노량 해전 승리 후 전쟁이 끝남.
1606년	55세	새 왕비 인목 왕후가 영창 대군을 낳음.
1608년	57세	광해군에게 왕위를 물려주고 죽음.

제15대 광해군

연도	나이	사건
1575년	1세	선조의 둘째 아들로 태어남.
1592년	18세	세자로 책봉됨.
1608년	34세	왕위에 오름. 대동법을 실시함.
1613년	39세	영창 대군을 강화도로 귀양 보냄.
1618년	44세	인목 대비를 경운궁에 가둠.
1619년	45세	강홍립에게 후금 투항을 명령함.
1623년	49세	왕위에서 쫓겨남.
1641년	67세	제주도에서 일생을 마침.

제16대 인조

연도	나이	사건
1595년	1세	정원군(원종)의 큰아들
1623년	29세	광해군을 쫓아내고 왕
1624년	30세	이괄의 난이 일어남.
1627년	33세	정묘호란이 일어남. 강화도로 피란을 떠남
1636년	42세	병자호란이 일어남. 남한산성으로 피란을
1637년	43세	삼전도에서 청나라에
1645년	51세	청나라에서 돌아온 소
1649년	55세	효종에게 왕위를 물려

제17대 효종

연도	나이	사건
1619년	1세	인조의 둘째 아들로 타
1637년	19세	소현 세자와 함께 청나
1645년	27세	세자로 책봉됨.
1649년	31세	왕위에 오름.
1652년	34세	어영청을 강화해 북벌
1654년	36세	나선을 정벌함.
1659년	41세	북벌의 꿈을 이루지 못